佐々淳行の危機の心得

名もなき英雄たちの実話物語

佐々淳行◉著

青萠堂

◎目　次

第4章〔警察〕篇

黙々と自らの職務を果たす警察官たちの胸の内

第5章〔海上保安庁〕篇

海洋国家・日本の海を守る海上保安官たちの活躍 155

カバーデザイン／熊谷博人
ＤＴＰ／中尾道明
地図作製／ハッシィ
撮影協力／尾嶋　敦

序章

東日本大震災——福島第一原発メルトダウン——
今度もまた「天災」の後に「人災」がきた！

東日本を襲った大津波2011年3月11日3時5分

みるみる家屋がのみ込まれる〈名取市〉　〈写真提供:共同通信社〉

●危機管理能力のない政府、現場で活躍する名もなき英雄

2011年3月11日の東日本大震災から1年半。

この大震災では、津波による福島第一原子力発電所事故まで起きている。震災自体は日本の国内問題だ。ところが、原子力発電所事故の発生によって、東日本大震災は国際問題にまで発展した。ここに17年前に起きた阪神大震災との違いがある。

つまり、今回起きた大災害のほうが、それだけ国際的な注目度が高いのだ。

しかし、いずれにせよ、この2つの大震災が日本にもたらした混乱は、17年の時を経てまったく同じ図式を描いた。

諸外国のメディアは、**被災した日本国民の見事な行動ぶりを賞賛**する一方で、今度もまた**日本政府の危機管理能力不足**に大いなる疑問を投げかけている。

天災そのものは防ぎようがない。どの国もこれは同じだ。しかし日本では、天災の後に必ず人災がくる。このあたりは、かつて阪神大震災などを例に拙著『重大事件に学ぶ「危機管理」』（文春文庫）ほかで詳述したので、本書では必要以上には繰り返さない。

ただ言えることは、危機を最小限の被害で切り抜けるには持ち場、持ち場での「**人間力**」に頼るしかないということだ。

あれから1年余が過ぎた2012年の5月、6月時点の国会で、福島第一原子力事故を検証するための**「事故調査委員会」**（黒川清委員長）が、当時の官邸関係者や東京電力幹部を参考人召致して事情を詳しく聴き取っている。

その場で、菅直人首相（当時）をはじめとする官邸関係者や東京電力幹部たちは、責任のなすりつけ合いに終始した。彼らの態度は、いかにも見苦しかったとしか表現のしようがない。

同事故調は、7月5日付最終報告書で「原発事故は人災だった」と断定した。

さすがに今回ばかりは、政治家や官僚の〝連帯共同無責任体制〟を見過ごす気持ちにはなれなかったようだ。だが当時の政府や東電幹部で、きちんと責任を取る者は、いまだ出ていない。

ある若い知人があのころ、こんな新聞コラムをメールしてくれた。

〈この人の顔を見ると、忘れかけていた怒りがまた沸々とわいてくる。黙っていてもそうなのに、ご託を並べて言い訳するから余計である。国会の原発事故調査委員会に参考人として出席した菅前首相だ。**「国の責任者として事故を止められなかったことを心からおわびする」としながら、中身は自己保身**の繰り返しだった。

反対を振りきって事故翌日に現場を視察した「**軽挙妄動**」を正当化し、海水注入中止も「**責任転嫁**」した。四字熟語が出たついでに並べれば「**舌先三寸**」「**厚顔無恥**」「**我田引水**」「**支離滅裂**」「**無為無策**」「**付和雷同**」「**迷惑千万**」……。そんな当時のダメ責任者ぶりを、なんとか取り繕ろうとしていた（後略）〉（コラム「甘口辛口」今村忠・サンケイスポーツ２０１２年5月30日付、太字強調は筆者）

このコラムが言う通りだ。ここに並べられた四字熟語――軽挙妄動、支離滅裂、無為無策、付和雷同、そして事後の自己保身、責任転嫁、厚顔無恥、迷惑千万ｅｔｃ――が、日本の国家としての危機管理体制の現状なのである。

菅直人という人は際立ってダメだった印象があるが、遡れば阪神大震災のときの**村山富市首相**も際立ってダメだった。

いずれにせよ、日本の危機管理は官邸には任せられないのが実情だ。もっともこれは、私がこうして改めて書くまでもなく、日本国民の誰もが認めているに違いない。

国民の生命と財産を守るのを最大の使命とする人たちが、総じてこの有様。

それでも日本が、これまで何度も襲われた深刻な危機を乗り越えてきたのは、**ひとえに日本国民個々の力**なのである。

さらにいえば、危機が発生するとただちに危機の現場に駆けつけて任務を遂行し、傷つき、あるいは殉職していった陸海空自衛隊、海上保安庁、警察、消防、各自治体職員など、名もなき英雄たちのおかげである。

●英国大使館から正当な評価を得た無名の日本人たち

危機管理の視点から見て、現在のこの国の中枢には国民の生命・財産を守るのにふさわしくない者ばかりが揃っている。

本書では、そんなわが国で、**危機を救った名もなき英雄たちの話を順次、17話ほど選んで紹介していく。**

彼らの言動は、先ほど紹介したコラムの四字熟語を借りれば、日本の指導者層に巣食う「舌先三寸」の人たちとは、明らかな対置概念である。ともすれば人に知られずに埋もれてしまう彼らの活躍を、少しでも知ってもらえればありがたい。

２０１１年の12月31日、共同通信社は世界各国に向けて次のような記事を配信した。（太字強調は筆者）

〈ロンドン共同〉英国政府は31日（大晦日）恒例の新年叙勲名簿を発表、東日本大震災への対応で大きな役割を果たしたとして、**在日英国大使館の日本人運転手の男性３人に、大英帝国第五級勲位（ＭＢＥ）を授与**することをきめた。

3人は

小形《おがた》恒夫《つねお》さん　60歳〈既に退職〉

鈴木《すずき》　勇《いさむ》さん　42歳

柳谷《やなぎや》　順《じゅん》さん　52歳

被災地に住む英国人への対応のため、大使館職員と共に現地に入り、困難な状況の下で長時間勤務。献身的な姿勢で担当職員をサポートし、被災した英国人の支援に尽力したことが評価された。

デービッド・ウォレン英国大使（59）には、迅速に対応したとしてナイト爵位が与えられる。ウォレン大使は「われわれ大使館のチームの仕事が評価されたことを喜ばしく思う」とコメントしている。このほか、副領事で英国籍をもつ**マリア・ミヤザキさん**（36）と在大阪英国総領事館の副領事（筆者注・ジェームズ・ベンドさん（33））も、第五級勲位とされた。

この共同通信ロンドン電は正月早々、日本全国の各紙に配信されたに相違ないのだが、誰に聞いてもこの佳歌について「知らない」と口を揃える。ここが問題なのだ。

あの大震災では、世界中が日本国民の資質を高く評価した。

被災住民の冷静沈着な行動。他国での修羅場にはつきものの、暴動も略奪も補給物資の争奪戦もいっさい起こらない日本人の「被統治能力（ガバナビリティー）」の高さは、掛け値なしで誇るに足るものだった。**中国の新聞でさえ「日本人は災難に直面してもどうしてあんなに冷静なのか」「中国は日本人を見習うべきだ」（２０１１年３月13日付　新京報）**と賞賛したほどだ。

しかし、日本政府自体の統治能力（ガバナンス）には批判の声が大きかった。

そのほかにも、海外メディアからは「**フェイスレス・フィフティーズ**」「**フクシマ・ヒーローズ**」など、福島第一原発のメルトダウン事故と命がけで戦う名も知れぬ、顔も見えない現場のヒーローたちを讃える声が湧き上がった（このあたりは拙著『ほんとに彼らが日本を滅ぼす』幻冬舎刊で詳述）。

海外メディアが取り上げたから、日本のマスコミも確かにこれらの「追報道」はした。

また、大津波と原発のメルトダウンという二重苦の大災害に見舞われた日本では、発生直後から陸海空自衛隊、警察機動隊、消防、海上保安庁、地方自治体職員などが被災地に駆けつけた。海外メディアも知らない、そのほか多くの名もなき英雄たちが人命救助に、被災住民支援に献身的な貢献をしたのである。

にもかかわらず、日本のマスコミは彼らの活躍を讃えることはほとんどなかった。

それ以前に、すでに震災から1年以上も経つのに、関係省庁が彼ら決死の勇を発揮して被災地住民に貢献した人々を、何らかの形で顕彰しようとしないのはなぜか。

●「信賞必罰」を欠く民主党内閣

英国大使館では、大使以下のエリートキャリアもノン・キャリアも、一丸となって《**ジョンブル魂**（イギリス人魂）》に燃え、あるいは**ノーブレス・オブリージ**（高い地位ゆえに負う重い義務）のボランティア精神を発揮して、自国民の安否確認と保護に当たるため、ふりそそぐ放射能からみんなが逃げ走る宮城・福島・山形の三県に身を挺して乗り込んだ。

まさに「**フォロー・ミー**」（私についてこい）の天晴れな陣頭指揮ぶりだった。結果的に約40人の英国籍の人々の安全が確認された。

サッカーのW杯で優勝を遂げた「なでしこジャパン」のキャプテンだった**澤穂希選手**の名言「**苦しくなったら私の背中を見て**」のリーダーシップそのものである。

そして、英国大使たちが発揮したフォロー・ミーの陣頭指揮に勇躍して従ったものの、しょせんはローカル・エンプロイー（地域雇用者）にすぎない日本人運転手3名にまで、英国は大英勲章受勲の栄誉を与えてくれたのだった。

実は、他の諸外国も迅速に行動を起こしていた。

米国、仏国大使も、それぞれ「トモダチ作戦激励」や「被災地支援」の形で訪問したと聞く。また、アジアの国の中には、仙台に領事館があり、そこが中心となって安否確認を行うなど、積極的に機能していたようだ。

対して日本は……自らは何もしないでおいて、現場で奮闘した自衛官たちを称えるどころか、自身の政治理念とはいえ「暴力装置」とさげすむような政治家たちが政権の座にいる。

国民の生命を守ること以上に大切な政治理念など、ないはずだ。

日本人運転手3人が受章した大英勲章は、昔の日本でいうと「勲五等」に相当するとの由。これは、いまの日本では警察の警部が退職する際に授与されるものに等しいとされる。

危機管理の実務において、もっとも大切なものの一つが「**信賞必罰**《しんしょうひつばつ》」である。

しかもそれは、タイミングよく行なわれなくてはならない。

その意味において、東日本大震災に際して英国政府が在日英国大使館に対して取った措置は、**信賞必罰**の模範と言って良い見事なものだった。大震災の年の大晦日に、定例の新年受勲者発表を期して、在日英国市民の安否確認および身柄保護活動のために活躍した**英国大使のデービッド・ウォレン氏**に、ナイトの爵位が与えられる――。

つまり、ウォレン大使は「**新年の鐘（ゴング）と共にサーとなった**」（英字紙報道）のだった。

こうした形の叙勲、および昇進は、アングロサクソンの国では「**フィールド・プロモーション**」すなわち「**現場での昇進**」と呼ばれる。言うまでもなく、その効果は絶大だ。人は信賞必罰には納得する。

アメリカ軍でも師団長クラスの将官は、戦場で「ビヨンド・ザ・コール・オブ・デューティ」（課された義務を超えた勇気）を発揮した兵士を、その場で軍曹（兵士の最高位）に昇進させたり、逆に、下士官を一兵卒に降格させる権限を与えられている。

このフィールド・プロモーションによって、英国大使のミスター・ウォレンは**サー・デビッド**になり、大使らの現地での行動を支えた功で受勲した柳谷順運転手は「この上もない光栄」と述懐した。

ところが日本の指導層には、こんな簡単なことがわからないらしい。

●鉄は熱いうちに打て——早くほめよ——

フィールド・プロモーションについては、やはり戦時下を例にとるのがわかりやすいだろう。たとえば1939年12月13日の**ラ・プラタ沖海戦**は典型例の一つだ。

英国海軍はこの日、ヒットラーの誇るドイツの装甲艦**アドミラル・グラフ・シュペー号**（1万トン、いわゆる「ポケット戦艦」、艦長はハンス・ラングスドルフ大佐）と、南米**ウルグアイのラプラタ川沖**で交戦した。

英国側は最初、重巡エクゼター大破、軽巡アキリーズおよびエイジャックスの2隻が中破と劣勢だったが、装備において圧倒的に勝る28サンチ砲搭載のシュペー号をついに**ウルグアイのモンテビデオ港**に追い込んだ。そのうえで偽情報宣伝戦を展開し、シュペー号を自沈させるとともに、ランズドルフ艦長を自決させたのである。

この大功を立てた英国海軍の南米派遣艦隊司令官**ヘンリー・ハーウッド代将**のもとに、まさに打てば響くようなタイミングで次のような電報が届いた。

「貴官を最高級バス勲位に列し、ほか3名の艦長をバス勲位に列する」

その電報の宛名は、海軍代将（コモドア）ではなく、海軍少将（リア・アドミラル）となっていた——。絵に描いたような「**現場での昇進**」である。

同様のことはアメリカ軍でも行なわれていて、空母ホーネットから発進したB25による**東京初空襲を指揮したドーリットル陸軍中佐も即日、准将（ブリガディア・ジェネラル）に昇任**したし、**山本五十六元帥の搭乗機を撃墜したP38戦闘機パイロットのランフィア大尉**もフィールド・プロモーションで**少佐に昇進**している。

フィールド・プロモーションがいかに大切かは、ランフィア少佐に功を上げさせた山本五十六元帥自身も実感として良く知っていた。山本元帥は、

「やってみせ　言って聞かせて　させてみて　**褒めてやらねば人は動かじ**」

との名言を残したくらいだ。

もちろん、私は戦争を賛美するわけではない。命がけで働いて功あった者には、賞をもって報いるべきだという、ごく当たり前のことを言いたいだけである。

東日本大震災のように突如として戦時下並みの危機が襲ってきたとき、その危機に毅然と対応した人への評価がもっと高くてもよいのではないかと思うのだ。

そこで私は、ある政府要人に「功労のあった陸海空自衛隊、警察、消防、海上保安庁などの隠れたヒーローたちをすみやかに表彰し、勲章や感謝状を与えてはどうか」と意見具申を

した。しかし、彼の返事は「いいえ、表彰はしません」と、ニべもないひと言だった。

「なぜですか。彼らは命がけで働いてくれたのに」

「特定個人の表彰は不公平になるから」

「不公平？　どういう意味でしょう」

「いや、みんなでやった救助活動だから、特定の人を表彰するのは不公平になります」


私は愕然とした。

確かに、1日最高10万7000人、延べでは1000万人を超す自衛隊員が災害出動したし、警察官も1日最高4800人、延べ98万人が被災地に出向いて活躍した（警察官の派遣は現在も継続中）。しかし、こんなところに「不公平」を持ち出す感覚がわからない。

こうした政府要人の感覚のズレは、ついには日本を滅ぼしてしまいかねないほどに、国家危機管理上好ましくないことなのだ。

●「不公平になるから官邸は表彰しない」——悪平等——

少し前まで「悪平等」という言葉があった。

たとえば、かつての小学校の運動会。日本教職員組合（日教組）の意向で、児童・生徒はあくまで平等に扱わないといけない、ということになった。そこまではいい。しかし、これが昂じて運動会の徒競走では、順位をつけないとか、ひどいところではいちばん早くゴールに着いた児童は、ほかの児童が追いつくまで待っていなさい、テープを切らずに待っていて、ほかの児童が追いついたら、みんな仲良く手をつないでゴールしましょう、などと決めた。

ウソのような本当の話である。

問題は、こうした「とにかく人に差をつけてはいけない」「円周率は3・14ではなく3と覚えれば十分（ゆとり教育）」などの悪平等のイデオロギー教育を受け、ひいてはオレがやらずに誰がやる」という意欲に欠けた連帯共同無責任、つまり〝みんなで渡れば恐くない〟と教育された世代が、政治家や官僚となって日本の中枢にいる現状だ。

かくして、危機管理の要諦である**信賞必罰**も、まったく行なわれない。

今回の東日本大震災に即して言えば、政府関係者も東電幹部も「我々の危機管理は確かに失敗したが、これは誰の責任でもない。強いて言えば、みんなの責任だ。だから我々（政府、東電）の中には、処罰されるべき人間は一人もいない」と思っている。

見てみるとよい。「政治主導」を唱えながら、この危機管理の大失敗の責任をとった政治家は一人もいないではないか。仙石由人元官房長官が「暴力装置」とよんだ自衛隊の功績も表彰できないのだ。いかにも日教組のドン・輿石東民主党幹事長を抱える「悪平等政権」なのである。

こうした悪平等を生んだ彼らの感覚を、あるいはペティジャスティス（ちゃちな正義）と呼んでもいいかもしれない。

まったく間違いであるとは言い難い。だから言下には否定できない。しかし、もっと大きな正義があるだろう。ちゃちな正義を主張することで、もっと大切なものをないがしろにしてはいないだろうか。こういうペティジャスティスを振り回す輩ほど始末におえないものはないというのは、私自身の長い護民官人生の実感でもある。

若い読者の方だと、もはや知らない人もいるかもしれないが、日本社会党という政党があった（1996年1月に自然消滅）。

戦後の日本は長いこと与党・自民党、そして野党第一党・社会党の体制（55年体制）でやっていた。また政党は自民党以下の保守政党と、社会党以下の革新政党に色分けされていた。

しかし、この社会党はひどい政党だった。

自衛隊は憲法違反だから認めない。日米安保条約は絶対反対。それでは日本が丸裸だという批判には、我が国は平和憲法に守られていると答え、「非武装中立論」を国際社会でも大真面目に論じていた。

一方、「北朝鮮は理想国家であり、我が（心の）故郷」と礼賛していた。

当時、早くから北朝鮮のスパイ活動や日本人拉致の事実を掴んでいた私たち警察は、当然ながら警告を発し続けたのだが、ことごとく社会党の反発にあって思うような捜査もできず、口惜しい思いをしたのを昨日のことのように覚えている（ちなみに、日本社会党と北朝鮮の独裁政党・朝鮮労働党とは「友党」関係を結んでいた）。

このような政党が長く野党第一党であり、時には２００議席以上を獲得したような歴史が日本にはある。

こうしたことは、いまさら言っても仕方がないことかもしれない。

しかし、やがて北朝鮮のスパイ活動や日本人拉致が明らかになったときにも、社会党末期の象徴的存在だった女性党首は、国民にも拉致被害者家族にも、いっさい謝罪をしなかった。過ちを認めないまま政治家を引退して、いまに至っている。そして革新政党の人たちに特有のものだと思われる、こういう冷たさ、確信犯的な無責任体質は今に引き継がれている。

なぜなら、社会党が消滅すると、後継政党の社民党のほか、大半の社会党議員は現在の与党・

民主党に潜り込んだからだ。

私はここに運命的なものを感じざるをえない。

阪神大震災が起きたとき、日本の内閣総理大臣は最後の社会党党首（委員長）だった村山富市氏であり、日本政府の危機管理システムは今回と同じくまるっきり機能しなかった。おまけに被災地の兵庫県知事も神戸市長も、いわゆる革新系の政治家であり、自らの政治理念（自衛隊は違憲である）に固執するあまり自衛隊への出動命令が遅れたりするなど、被害を拡大するような行動をとっている。

あのとき村山総理は、国会で「何ぶん、初めてのことでございまして……」と、自らの責任を回避する理由にもならない発言をして、それですませてしまった。

本音だったろうと思う。それだけに腹が立った。まるで地域の町内会長の発言だ。間違っても、全国民に対して責任をとらねばならない立場の人の発言ではない。こういう人は、たとえ望まれても国家をあずかる内閣総理大臣などになってはいけなかったのである。

それから17年後。東日本大震災では、社会党の残党が率いる民主党が政権の座にいた。そして17年前と同じように天災の発生自体は仕方ないにせよ、その後にまぎれもなく人災が起きたことで、政府は重大な責任を問われているというのに、菅直人総理も国会で「すべてがある意味、初めてのことでありますので」と発言した。

まるで合わせ鏡のようだ。

村山富市氏、菅直人氏、この両人はきっと頭脳優秀なのだろう。

しかし、自らの政治理念を語るのは巧みでも、肝心の実行力が伴わない。

そして皮肉なことに、大事件・大事故は危機管理に不向きな内閣のときに起こる。

今回の大震災が原発事故を誘発したとき、菅氏は悲観派と楽観派の両者から上げられた膨大な報告書を、事はすでに起きてしまっているのに、何と一枚一枚、頭から熟読し始めたという。やがて、読み終えて言った。

「すべて理解した。今後、原発のことはオレに聞け」

大震災や原発事故は、頭の中で起きているのではない。自衛隊員や消防団員、警察の機動隊員たちは、無念の思いで死んでいった人たちの遺体を、泥にまみれ、泣くような思いで捜索している。現場に立ってみないと、本当に大切なものはわからない。

少なくとも危機管理の現場には、頭だけが良い人間など要らないのである。

平時には良いとして、そのような人間は、被災者救助の現場では邪魔でしかない。

それでは救える命も救えなくなってしまうのだ。平時の能吏が平時に自らの政治理念を語るのは自由だが、危機のときには危機のときにふさわしい行動原理があることを、よくよく知っておいてもらわなくては困る。

●「平和」と「平時の能吏《のうり》」がなぜ国家危機管理の邪魔か

危機管理の最大の敵は、実は平和なのである。

平和なのはもちろん良いことだが、あまりに平和で豊かな状態が続くと、平和ボケになって思考回路が現実離れしてしまいがちで、政治家や官僚は、「国民の生命・身体・財産を守る」という基本任務を忘れてしまう。危機管理においてはもちろん、ほかのあらゆる意味においても、これがそのまま日本の現状だ、と言わざるをえないと思う。

たとえば非武装中立とか、誰も彼もみな平等とか、いま必要な現実政治は、そんなものではない。

危機（非常時）においては話が別である。各自の政治理念の違いなどに関係なく、国家の危機には総力をあげて対処すべきだというのは、全世界の共通認識、常識のはずだ。

こういうことは政治家、官僚たちよりも、一般国民のほうが実感として良くわかっている。

英国大使館の**柳谷順運転手**（前出）の話を聞いてみると、ウォレン英国大使などは、何が起きたかを把握したとたんにスイッチが入って、ごく自然に「ビヨンド・ザ・コール・オブ・デューティ」（課された義務を超えた）の見事な行動を取っていたことがわかる。

では、柳谷さんは具体的にどんな行動を取ったのか？

そして英国政府は、彼のどんな行動が叙勲にふさわしいと認めたのか？

第１章〈国際評価〉篇

国際的に称賛を浴びた日本民族

◉英国から大英勲章を受けた3人の運転手〈東日本大震災での功績〉

（地震、津波、原発事故…の被災地で過酷な道路状況の中を危険を顧みず、英国人支援、燃料補給など、すばらしい貢献をした）

ウォレン英国大使（左）、自ら安否確認及び自国民保護に奔走

被災地に入り東北在住の英国人を保護

瓦礫の被災地での任務を見事な機転と忍耐力で乗り切った運転手たち

柳谷順さん

小形恒夫さん

鈴木勇さん

〈駐日英国大使館・提供〉

◉スペイン・アストゥリアス皇太子賞を授与されたフクシマ・ヒーローズ

2011年10月21日、福島原発事故に対応した**消防、警察、自衛隊**関係に贈られた——

代表して5人のリーダーに。
左から陸上自衛隊・**岩熊真司一佐**、警視庁・**大井川典次警視**、佐藤悟・駐スペイン大使をはさみ、陸上自衛隊・**加藤憲司二佐**、福島県警・**渡邊正巳警視**、東京消防庁・**冨岡豊彦消防司令**
（官職位は2012年3月現在）

スペイン大使館・協力

〈上・下、防衛省（スペイン・オビエドにて福田信司氏撮影）／中央、朝日新聞社・提供〉

序章でも述べたが、民主党政権は東日本大震災で命がけの活躍をした無名の英雄たちを、まったく評価していない。

日本国民を正当に評価したのは、むしろ諸外国の人たちだった。

その称賛は口先ばかりではなく、それぞれの国力に応じた義援金の拠出、さらには勲章の授与などの実を伴っている。つまり彼らの称賛は、日本政府と違って本物なのだ。

例えば叙勲については、英国のほかにスペインが「フクシマ・ヒーローズ」5人にアストゥリアス皇太子賞を授与してくれている。

まずは、エリザベス女王から大英帝国第五級勲位（MBE）を受けた3人――**小形恒夫さん、鈴木勇さん、柳谷順さん**――を紹介したい。

3人の代表として取材を受けてくれたのは柳谷さんだった。

柳谷さんに会って、まず「若い」と思った。52歳というが40代、いや見方によっては30代にさえ見えるかもしれない。

白い半袖シャツから、太く浅黒い腕がのぞいている。中背だが、逞しい印象だ。それ以上に意志の強さが感じられる。心身ともに充実していなければ、彼の年齢にして、こんなに若々しい印象は保てないだろう。

【第一話】——これぞジョン・ブル魂——放射能降る東北へ急行する英国大使

そして大英勲章を受賞した3人の日本人運転手たち

２０１１年3月11日の午後、デービッド・ウォレン英国大使と専属運転手の柳谷順さんは、公用車で日産本社のある横浜みなとみらいに向かった。15時から重要なミーティングが予定されていたのだ。そして日産本社前に着いたとたん、尋常ではない地揺れを感じた。

思わず時計を見ると、14時46分。まさに、東日本大震災が起きた、その時間だった。

とっさに、安全と思われる場所まで車を移動する。周囲を見渡すと、やがて日産の社員たちが数人、ヘルメットを被って辺りを右往左往し始めた。車内テレビ、カーラジオをつけて情報収集を試みるが、東北地方で大きな地震が発生したらしいこと以外に、詳しいことは何もわからない。

どうやら、これは只事ではない。その予感だけがあったという。

ウォレン大使の決断は早かった——東京に帰ろう！

この判断は正しい。危機の初期段階に、英国大使が居るべき場所は英国大使館だ。大使館なら特別なルートからの情報も集まるだろう。さっそく首都高速に向かったが、すでに入口は閉鎖されていた。やむなくUターン。一般道を東京へと走らせる。

たいへんな渋滞の中、ようやく都内に入り、大使はたまらず三宅坂で車を降りた。三宅坂からなら、大使館のある一番町まで歩いてもいける。それが21時30分。横浜からここまで6時間30分もかかったことになる。車内では携帯電話もメールも不通で、在日英国人たちの安否確認もできなかった。大使の心中は、察してもあまりある。**岩手・宮城・福島各県在住の英国人は、日本の発表では277人。しかし14日までに2615人の安否照会**が本国から寄せられたという。

車に残った柳谷さんは、それからさらに2時間もかかって、23時30分、何とか大使館にたどり着いた。横浜から東京の大使館まで約8時間30分を要したことになる。

ちなみに大使館に戻った大使には、心配した英国の夫人から安否確認のメールが入っていたそうだ。


翌12日午後には、福島第一原発1号機が水素爆発を起こし、事態はますます混迷の度を増した。英国大使館は諸連絡、情報収集等でフル稼働し、あわただしい雰囲気に包まれる。

そして13日。この日には、早くも英国からレスキューチームがやってきた。

早朝3時、柳谷さんは出迎えのために車3台（ほかの2人の運転手は小形恒夫さん、鈴木勇さん）で羽田空港に向けて大使館を出発。レスキューチームを大使館に迎え終えたのが7時30分ころだったという。

このとき英国大使館は7時の時点で、被災地に大使ほか数名のスタッフを派遣することを決めていた。

決定を聞いて、柳谷さんは反射的に「私が運転していきます」と申し出ている。こうして自ら言い出したのは大正解だ。危機にあたっては別かもしれないが、欧米ではこういう場合、運転手から「ナン・オブ・マイ・ビジネス」（私が運転しなくてはならない理由がない）と言われたら、その意を尊重して引き下がらざるをえない文化がある。

ワンボックスカーに寝袋や救援物資を積み込んで、9時30分に大使館を出発。交通規制はあったものの、この日は幸い東北自動車道を走ることができ、15時30分ごろ宮城県庁に到着した。知りうる限りの情報を集め、この日は仙台駅前のモントレーホテル泊。

柳谷さんによれば、福島県に入るあたりから道路はひび割れ、あちこちに段差ができており、屋根にブルーシートを被せられた民家が目立ち始めたという。同じくビルの壁も崩れ落ち、辺りには粉々に割れた窓ガラスが散乱していた。

「たいへんなところに来てしまったな、と思いませんでしたか」

「それは思いました。でも、それ以上にたいへんなのは、地元の人たちですからねえ」

「では、運転手を買って出たのを、早まったなとは思わなかった？」

「ええ、まったく思いませんでした」

「それでは、どんな心境だったんでしょう」

「当たり前のことだというか、これも私の仕事だという……。後で必ずしも君の仕事ではなかったと言われたのですが、ですから、そうですねえ、強いて言えば**ボランティア精神**だったということになりますか」


名もなきヒーローたちは決まって、この柳谷さんのように戸惑いの表情を見せる。

決して功を誇らないのだ。間違っても「国家、国民のために命をかけて……」などと、演説口調でまくしたてるようなことはない。それだからこそ心打たれる。誰もが知るように、本当に命をかける覚悟のある人は、そもそも「命をかける」などと口にしないものだ。

しかし、単に強行スケジュールの運転をしたというのではない。被災地はどこも想像を絶する姿で、しかも、水も食料もガソリンも情報もまったく遮断された世界ということだ。特にガソリンは命綱だから、やみくもに走るのでなく、どのようにまわれば効率的か、対策本部に立ち寄り、被災地のアクシデントに遭わないよう、用意周到に情報を仕入れた。そしてガソリンを補給し、万全を期すよう誠心誠意尽くしたからこそ、英国から表彰されたのである。

しかも柳谷さんたちの被災地行脚は、まだその始まりに過ぎなかったのである。

明くる14日は、9時から宮城県庁を訪問した後で、多賀城市役所に向かった。仙台から多賀城までは約20分。午前11時ころに着いた。

ある程度は聞いて覚悟していたが、多賀城市の状況は聞きしに勝る悲惨さだった。道路の両側に積み上げられた瓦礫の山に交じって、津波で流された車の残骸がいくつも折り重なっている。全壊に近い被害を受けた家電量販店へ、津波に汚れた乗用車が突き刺さっている光景が、まるでこの世の終わりのようなイメージで迫ってきた。

多賀城市の次は、遠く宮城県の北の外れ気仙沼市へと向かう――。

翌15日からも、気を抜くいとまもなく被災地を走り回った。

この日は仙台から東北自動車を下り、8時30分に南三陸町役場。10時30分に登米町着。登米町では避難所を数ヶ所回る。その後、石巻市役所を訪問。

16日。再び南三陸町に回り佐藤仁町長（防災対策庁舎で公務中に庁舎ごと津波に飲み込まれたが奇跡的に生還した）と面会。

こうしたハードスケジュールの中、柳谷さんたち大使館のスタッフは英国籍およびヨーロッパ人の被災者を探し回ったのである。在日者のリストはない。各市庁舎にある探し人のリストに目を通し、あるいは避難所などを直接訪ねて回ったが、あの大混乱の中ではどうしても思うに任せず、この日は一人の英国人も見つけられなかった。

2度も訪れた南三陸町などでは、ライフラインが完全に切断されて電気も通っておらず、パソコンも見ることができなかったというから、それも無理はなかっただろう。16日は午後に南三陸町から仙台に戻り、大使とともにいったん東京に帰ることになった。

17日。久々に休息の一日となる。

18日。英国から来日した原子力専門チームの一人を乗せ、19時に再び仙台へ向かう。このときには、すでに福島原発事故が深刻な事態となっていたため、東北自動車道は使えないと判断し、まず関越自動車道で新潟をめざした。新潟からは高速道がないため、一般道に降りて100キロの山道を走って山形へ。山形からは山形自動車道を使って、19日の早朝5時にようやく仙台に着いた。

英国大使館、柳谷順運転手の大激走

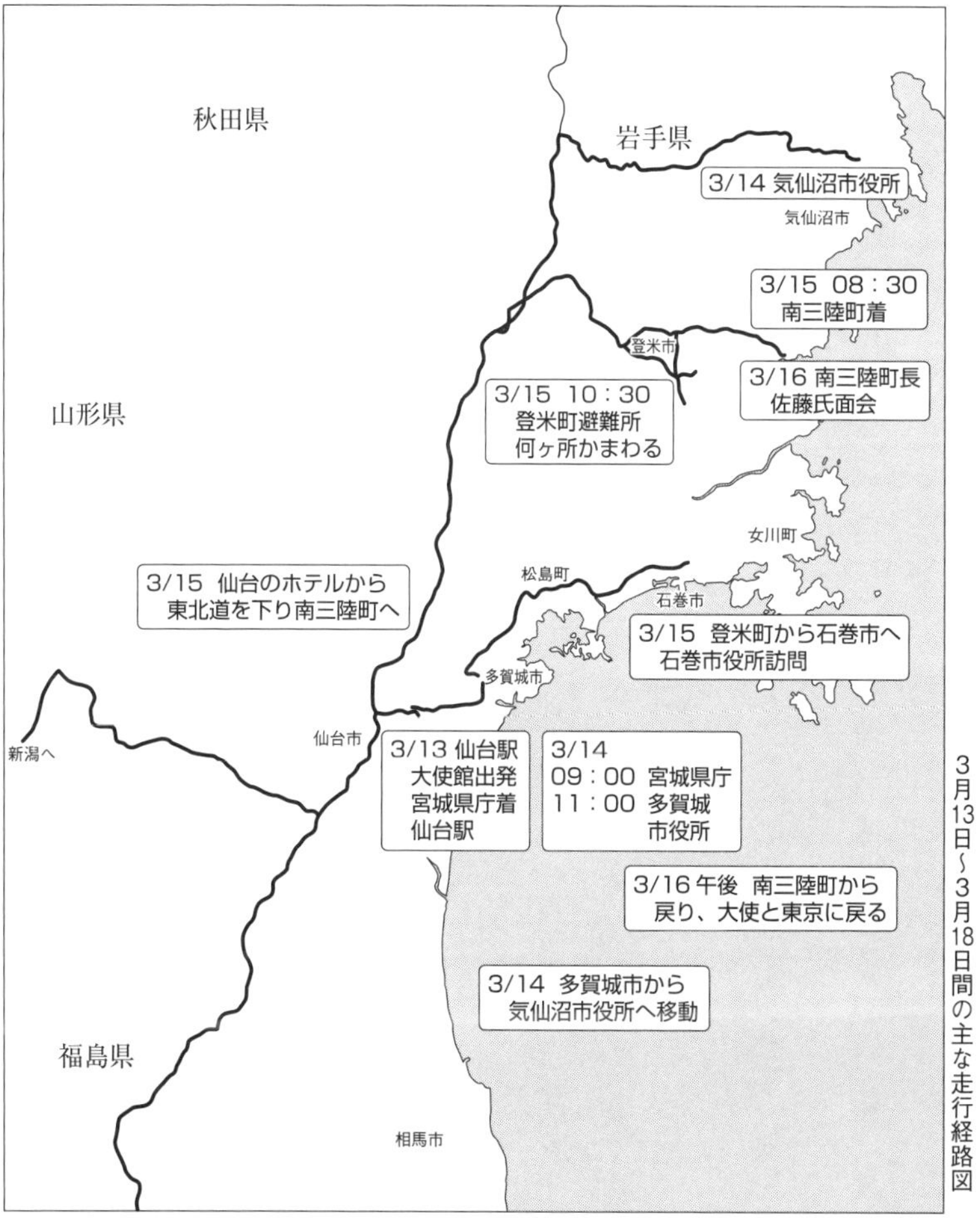

3月13日～3月18日間の主な走行経路図

3/11 大使と横浜日産本社ミーティングのため来訪。本社前にて震災にあい、公用車にて一般道を約６時間かけて大使館に戻った。

3/13 早朝羽田空港に英国からレスキューチーム到着を迎えに03:30大使館を出発。

同日 07：00 頃、大使および大使館スタッフ数名で東北に向かうことが決まり、物資を車両に積み込み 09:30 に大使館を出発。(3/14, 15, 16 は本文、地図参照)

3/17 からは福島原発の関係で東北道は使わず、関越道を東京―新潟―山形―仙台を約 860km を往復した。途中新潟から山形までは高速道がなく一般道を約 100km 走った。――柳谷運転手の走行日誌より通常300数十キロの道のりを、約860キロと倍以上の回り道したことになる。待ち合わせ場所の一つであったJR名取駅には、英国籍の人たちがそれでも何人か集まってきていた。翌20日の9時~10時まで待ち、それまでに集まった約40人の英国人家族を大型バス2台に分乗させて、今度は同じ道を東京に向かうことになる。

またまた860キロ、約12時間に及ぶ大ドライブ。

――宿舎として提供してもらった赤坂プリンスホテルに着いたのが19時ころ。さすがに疲れ果てたし、願いはただ一つ「ぐっすり眠りたい」だったという。

柳谷順さんは1987年から24年間英国大使館の運転手をつとめている。前職は海上自衛官(海上幕僚監部運転手)であり、叙勲理由のひとつには「自衛隊での経験を生かしすばらしい運営、管理能力を発揮された」と発表された。救援物資を届けるなどしたほか、被災地に残した大使館の車を回収するという最後の任務まで果たした。

小形恒夫さんは38年間英国大使館の運転手をつとめた超ベテランドライバー(2011年9月に定年退職)。被災地に入る許可取得のために地元当局と交渉し、燃料、運転者、車両の確保などに尽力したことが叙勲につながった。

鈴木勇さんも英国大使館運転手として18年間勤務。彼はご家族が被災地におられ、その安否も確認できない中にもかかわらず、立ち入り禁止区域を避けたルートの立案をしたり、領事業務や救援活動のサポートで活躍し、今回の叙勲となった。

そのほかの国々の駐日大使館の行動についても触れておこう。

福島第一原子力発電所の事故の被害状況が明らかになってきた発生から28日間後の時点で、在京の大使館を一時閉鎖したのは32ヶ国。このうちスイス、ドイツなど7カ国が大阪、神戸、広島、福岡といった西日本の各都市に大使館機能を一時移転した。

アンゴラ大使館などは韓国を執務場所と決めて、大使館員全員が韓国に退避している。

ただし、これらの国々に共通していたのは「あくまで福島原発事故の影響を見極めるまでの一時的な措置」としたことで、実際、4月末から5月のゴールデンウィーク前後までには、ほとんどすべての大使館が東京に戻り、震災以前と変わらぬ機能を取り戻した。

もちろん、英国大使館のように一時閉鎖をせず、東京に残ったところも多い。

たとえば**オランダ大使館**では「緊急対処チーム」を発足させ、**フィリップ・ドゥ・ヘーア大使**が陣頭指揮をとった。

阪神・淡路大震災を経験していたスタッフも加えて、情報収集や自国民の安否確認を急いだのは英国大使館と同様だった（ちなみに震災当時、日本には関東を中心に７００人強のオランダ人がいた)。

フィリピン政府は在京大使館からの一部職員の帰国要求に対し「**職員の最優先の仕事は自国民のために働くこと**」と、その要求を拒否している。

大使館を一時閉鎖した国も一部の大使館員は必ず東京に残って情報収集に従事していたり、英国のほかにも自国民の安否を確認するために被災地へ調査・救援チームを派遣した国が少なくない。大震災発生直後に大使館員を急ぎ現地へ派遣した国は、たとえば中国、韓国、フィリピン、インドネシア、タイ、ブルネイ、マレーシア、シンガポール、米国、ドイツ、スイス等々である。

各国大使館の名もなき英雄たちを代表する形で再び柳谷順さんに聞いた。

「たいへんな日々でしたね。その間ずっと、ウォレン大使とご一緒だったとお聞きしています。いまや〝サー〟になられた大使は、どのような方なのですか」

「気さくな方ですよ。ふだんから、大使とかアンバサダーなどと呼ばないでくれ、デービッドと呼んでくれとおっしゃっています。しかし、強い責任感や使命感を持っておられるのは、見ていれば一目瞭然です。震災が発生した日にも、横浜から東京の大使館まで公用車の中で2人きりだったのですが、しきりに時間を気にしていらっしゃいました。1時間おきくらいに『あとどのくらいで、大使館に着きますか?』と聞かれるんです。

車内は携帯電話も通じず、何の情報も入りませんでしたから、早く（各方面から情報が集まっているはずの）大使館に戻りたいと、その一心だったのだと思います。大使の体全体から「一刻も早く、大使館に戻って指揮をとる!」という気持が伝わってきました」

「被災地での大使はどんな様子でしたか?」

「とても印象に残った大使の言葉があります。大使は『救助するのは英国人だけではありません。アメリカ、カナダ、ドイツ、フランス……、被災地にいる外国人はみな救助します』と。英国大使としての立場というより、もっと広い何か、たとえばヒューマニズムと呼ぶべきものが大使を動かしていました」

「なるほど。では、救助された40人ほどの方々は、いかがでしたか。たいへん喜ばれたでしょうね」

「はい、助かった、ありがたい、嬉しかった……ストレートに感謝の言葉をいただきました。救援物資の中に、英国の国防省から提供された非常食セットがありましてね。乾パンや飲料水のほかに、温めて食べるレトルトのシチューが入っているんです。どうも英国の人たちは、暖かいシチューを口にすると『人心地がついた』と実感できるようでした」

「そのほかの救援物資についても具体的に教えてください」

「現地の様子がわかりませんでしたので、いわゆるサバイバルグッズ的なものを用意していきました。電池式のコンロ、ヤカン、懐中電灯、寝袋、簡易食料は乾パンのほかにビスケットと、カロリーメイトなども混じっていたかもしれません。

しかし、これらサバイバルグッズは結局、使わずじまいですんで、乾パンやビスケットなども私たち大使館員が食べました。最初のころは一人の英国人も見つけられない状況でしたし、もちろんコンビニは開いていないし、宿泊したホテルも食糧不足でしたので、私たちの食料としては役立ったということになりました」

「被災した英国の方たちは、自分たちで集合場所にやってきたのですか、大使館員が救助して連れてきた方たちもいたのでしょう」

「はい、インターネットも携帯電話も徐々に使えるようになってきて、ご自分で集合場所に来られた方が多かったようです。大使館員が自宅に出向いてお連れしたことはあったと思いますが、瓦礫の中から救助したというような話は聞いておりません」

「英国人が大好きな紅茶やコーヒーは口にできたのですか？」

「はい、震災発生から数日後にはインスタントでコーヒーも飲めるようになりました。紅茶についていては、あまり記憶にないのですが、やはり飲めたと思います」

「大使には、何か声をかけられましたか？」

「大使は私には、いつも日本語で『お疲れさまでした』『今日は大変でしたね』『ご苦労さま』などと声をかけてくれます。そのくらいで、一緒に被災地に行ったことについて、特に何かを言われたことはありませんでした」

大使の感謝の気持は、後に叙勲という形で表されたということだろう。

最後に受勲について柳谷さんに聞いてみた。

「12月に大使から内定を知らされて、正直なところ驚きました。最初に言ったように私としては、やるべきことをやっただけ、という感覚でいましたからね。もちろん「はい、受けさせていただきます』と答えました。なぜって、とても光栄なことじゃないですか。

1月に正式決定し、受勲式は4月19日でした」

「実際に勲章をもらったときは、どんな気持ちになりました?」

「それは嬉しかったし、とても晴れがましい気持になりました」

これが人として当然の反応なのである。

ひるがえって日本政府も、いつまでも不公平だなどとピンボケ発言をしていないで、フィールド・プロモーションできるよう、現場指揮官に権限を与える配慮をしてやればいい。

現場を経験した者たちは「**オレがやらずに誰がやる**」の精神で頑張った人に与えられた栄誉を見て、それを不公平だなどとは決して思わないのである。

●個人表彰ができないならせめて部隊を顕彰せよ

一方で、スペインからの叙勲の栄に浴したのは、**フクシマ・ヒーローズ**と呼ばれた5人の男たちだった。

MBEを受勲した英国大使館の3人の運転手は民間人だが、こちらは自衛隊、警察、消防といった日本国の護民官たちである。また、5人の個々人に対する叙勲ではなく、彼らが所属する各部隊全体に与えられたものだ。

5人は部隊の代表者として、スペインで行なわれた勲章授与式に出席した。

個々人の叙勲は無理というなら、日本もこういう形で部隊表彰で顕彰すれば良いと思う。無名の英雄たちの多大な労に報いたいと本気で思っているなら、叙勲の理由は「命を賭けて被災者の方々を救った」で十分なのだから、後はいろんな顕彰の形を考え出すだけでいい。

警察の表彰は、だいたい「所属表彰」（警視庁第一警備課とか警察庁外事課など）である。私も東大安田講堂事件、あさま山荘事件など昭和の大事件において、20件以上警察庁長官や警視総監から「所属表彰」され、その団体表彰状は壁に飾ってあるが、個人表彰は一件もない。

警察は「チームワーク」重視であるから、それはそれでいいと思うが、民主党政府もこのスペイン皇太子賞を見習ったらよい。

だが、現場に「賞」を出すと官邸などの「罰」の問題が出るから、賞罰ともになしとしたのだろうか。

こう考えてくると、やはり民主党内閣には身を捨てて被災地の現場を走り回った人たちに対する感謝の念など、さらさらないのだと断ぜざるを得ないのである。

【第二話】――ファイブ・フクシマ・ヒーローズ
スペインのアストゥリアス皇太子賞を受賞した５人の英雄たち

スペインのオビエド共同は、２０１１年10月22日、次のような記事を配信した。

〈スペインで最も権威ある賞とされる**アストゥリアス皇太子賞**の授賞式が21日、同国**北部オビエド**で行われ、東京電力福島第１発電所の発生直後に原子炉冷却や住民の避難誘導に携わった

警察、消防、自衛隊の現場指揮官5人に、フェリペ皇太子が「**共存共栄賞**」を授与した。〉

受賞したのは、

警視庁　　大井川典次警視（56）
福島県警　　渡邊正巳警視（57）
陸上自衛隊　　岩熊真司一佐（50）
陸上自衛隊　　加藤憲司二佐（39）
東京消防庁ハイパーレスキュー隊　　冨岡豊彦消防司令（48）

の5人で、『フクシマの英雄』と称された。

受賞したのは各部隊だが、代表として授賞式に出た人たちは、みんな現場指揮官だ。

授賞式での冨岡氏の受賞者代表スピーチはなかなか素晴らしかったのでほぼ全文を、以下に紹介しておく。

「3月11日に発生した東日本大震災では、スペイン国王を始め、世界各国から心温まるご支援を賜り、大変ありがとうございました。また、福島第一原子力発電所の事故に関しましては、世界の皆さまにご不安とご心配をおかけしたことを、日本国民の1人として申し訳ない気持ちで一杯です。

私たちは事故以来、周辺住民の避難誘導や、原子炉建家への放水活動、さらには除染活動を実施して参りました。私自身も、原子炉建家への放水活動の責任者として、原子力発電所内に一番に足を踏み入れ、あらゆる可能性を模索し、難しい判断命令をして参りました。今回、こうした活動に『フクシマの英雄たち』という称号を授かったことは、本日ここにいる受賞者のみならず、日本全国民に対してのものと確信します。そして私たちは、この賞の受賞を機に、心新たに、国民の安全のため尽力していく覚悟です。

（略）ビバ・エスパーニャ！」


加藤憲司二佐は陸自第一ヘリ団１０４飛行隊長で、空中放水指揮官として、原発へのＣＨ―47ヘリからの放水を指揮した。

「ひたすら任務完遂だけを考えた。みんな無事に戻ってほしいと思っていた」

また同じく陸自の**岩熊真司一佐はＣＮＢＣ（中央特殊武器防護隊）**のリーダーである。かつての地下鉄サリン事件で活躍した特殊部隊といえば、ご記憶の方も多いだろう。今回の福島原発へも真っ先に駆けつけ、原発周辺での除染や地上放水などを指揮した。

「約10万人の自衛官の代表でここへ来た」と語り、今後も災害救援に当たるという強い決意を述べた。

大井川典次警視は警視庁警備第2課管理官として、福島原発3号機への放水を現場指揮した。機動隊の高圧放水車を使っての3号機への総放水量は約44トン。約10キロの防護服を身につけ、4人の機動隊員とともに車外で放水作業に当たった。

「機動隊員は全力を尽くしてくれた。限られた条件下での任務を全うできたと思う」との言葉を残している。

福島第一原発のある福島県双葉町で、最後まで周辺住民の避難誘導にあたったのが、当時の**県警双葉署署長**だった**渡邊正巳警視**だ。

渡邊警視は「権威ある賞を受けることは栄誉だと思っています。ただ、被災者のお気持ちを思うと手放しで喜べない」と語った後で、目に涙を浮かべた。

「福島県警では5人が殉職した。本当の英雄は、この5人だと思っています」とも語った。

授賞式典で、フェリペ皇太子は、「日本社会の結果に感銘を受けた」と話したという。

●地下鉄サリン事件――「トリアージ」（緊急治療）の成功例

トリアージとは、フランス語で、ナポレオンが創設した野戦病院における鉄則であり、「一人の兵士を救うためには十人の兵士を死なせてはならない」という治療の優先順位の原則である。災害時の緊急治療には、この欧米式のトリアージが必須だが、日本では厚生労働省や日本医師会の反対で、阪神大震災から17年も経っているというのに、まだこの制度が確立されていない。

阪神大震災の際には、病院への到着順で治療をするという平時のルールで受け付けてしまったため、本来最優先であるはずの重傷者が待たされている間に大勢亡くなってしまった。この経験から学んだ具眼《ぐがん》の士たちは、約二か月後の地下鉄サリン事件のときには「**トリアージ**」を断行した。

その功労者は、聖路加病院の**日野原重明院長**だった。

先ほど、**岩熊一佐**のＣＮＢＣが地下鉄サリン事件に駆けつけた部隊だと書いたが、あのときは前身の１０１化学防護隊が出動したのだった。

ＣＮＢＣは新防衛計画大綱に基づき、２００７年3月28日に創設されている。

地下鉄サリン事件、今回の福島原発事故など、**ＡＢＣ危機**（**Ａ＝アトミック**、**Ｂ＝バイオロジー**、**Ｃ＝ケミストリー**）に迅速かつ的確に対応できる部隊は、ＣＮＢＣを置いてほかにいない。ＣＮＢＣとは「Central Nuclear Biological Chemical Weapon Defense Unit」の略で、まさに核、バイオ、ケミカルの危機に立ち向かう専門部隊なのである。

そしてこのＣＮＢＣの前身である１０１化学防護隊とともに、地下鉄サリン事件が起きたとき重要なキーパーソンの一人になったのが、陸上自衛隊の医官（自衛隊中央病院の**青木晃一等陸尉**）だった。

地下鉄サリン事件が起きたとき、青木晃医官は中央区明石町の**聖路加国際病院**に急きょ派遣された。

事件が起きたのは１９９５年３月20日の午前８時15分頃だ。都内を走る地下鉄各線の車両内で、多くの通勤途中の人たちが突然、体調不良を訴え、バタバタと倒れた。原因不明のままに、その日６人あとから６人、**計12人**が神経麻痺による心肺停止となり死亡し、何百人もの人々がみるみる不調を訴え、ついには、**約５５００人**が８つの病院で治療を受ける事態に発展している。

青木医官が派遣された聖路加国際病院は、運び込まれた被害者の数が約７００人と、８つの病院の中でいちばん多かった。

このとき聖路加国際病院で、見事な危機管理が行なわれるのである。

●日野原重明院長の大英断

聖路加国際病院では朝の会議中だったが、**日野原重明院長**（当時90才）はただちにこれを中止。そして時を移さず、次の院内放送を指示した。

「緊急事態発生。現在手術中の医師および看護師を除いて全員集合せよ」

被害者が続々と運び込まれてくる。心肺停止状態の患者を最優先し、軽症患者にはとりあえず酸素吸入をと、日野原院長は非常招集した人たちに指示を出し、救急治療に着手させた。

しかし……さすがの日野原院長にも、これがどんな症状なのかまるで判断できない。

ちなみに、こういうとき官僚たちだと、会議を止めない。

何か緊急事態が起きたときには、この聖路加国際病院とは逆に、すみやかに会議を招集する。会議室に居座って「事態の推移を報告せよ」（民主党の好きな表現でいえば「情報収集を下命した」である）と、部下たちに指示を出し、後は動かない。なぜなら、その事件や事故が自分たちの所管だったときには、この会議室の中が絶好の隠れ家になるからだ。

マスコミなどに事態の説明を求められても「いま会議中です」で逃げてしまう。

平時の能吏は会議好き。我が永遠の上司・**後藤田正晴氏**は、

「**会議好きにロクな奴はおらん**」と常々いっていた。何もしなくていい方法ばかり考えているわけだから、私もそう思っている。

事件、事故は現場で起きているのであって

「会議室で起きてるんじゃない！」

のだ（映画『踊る大捜査線』で織田裕二氏扮する青島刑事が劇中で叫ぶ名科白）。

話を聖路加国際病院に戻す。**日野原院長**が判断に苦しんでいるとき、**青木医官**が駆けつけてきた。青木医官は患者たちの症状をひと目見て、

「これはサリンであります。この場合の特効薬は〝アトロピン〟もしくは〝パム〟です」

と言った。

サリンはナチス・ドイツが第二次大戦中に開発した神経ガスで、神経を麻痺させ全身の臓器に障害を及ぼす。実戦に使われたのは、サダム・フセインのクルド族弾圧のときで、5000人を殺したと言われる毒ガスである。「アトロピン」と「パム」は筋肉収縮剤で、弛緩した筋肉を収縮させて蘇生させる効果を持つ薬だ。

青木医官は事件の直前に毒ガス中毒者の緊急治療法を含む、大量傷者治療教育と負傷者治療法の上級過程研修を受けたばかりだった。

1991年に起きた湾岸戦争のときに、多国籍軍56万人のうちの第一線将兵一人ひとりが、イラクの化学兵器（サリン）に備えてアトロピン入りの注射器を2本ずつ持たされている。サリンにやられたら、その注射を自分で打ち込むのだ。

当時の聖路加国際病院内では、自衛隊中央病院から来た青木医官以外には、こんなことを知っている者はいない。

そこにもう一人、電話をかけてきた人物がいた。

信州大学付属松本病院の**柳沢信夫院長**である。この前年に起きた松本サリン事件では８名が亡くなっている。柳沢院長は、

「日野原先生、それはサリンですよ。私が担当したときの症状にそっくりだ。特効薬はアトロピンとパムです。カルテをＦＡＸします」

と言って応急処置に関する資料を送ってきた。

この２人の進言で、日野原院長は決断する。

「よし、もうこれはサリンと診断しよう。アトロピン、もしくはパムがあるのはどこですか」

平和国家ニッポンの街角の薬局に、サリンの特効薬など置いてあるわけがない。

青木医官から報告を受けた自衛隊陸幕衛生部は、世田谷区用賀にある**衛生補給処**（現・関東補給処用賀支処）に**2800本のパム**のアンプルがあるのを確認した。

ただし本来は、だからといって「すぐに運ばせよ」とはならない。このパムは国有財産だから、これを管理換えするには、大蔵省（現・財務省）の国有財産管理官のハンコをもらい、厚生省（現・

厚生労働省）を通じて保健所に渡り、そこからようやく病院へ、という手続きになる。

このときは陸幕衛生部、自衛隊病院、日野原院長の3人が、これを**「国家行政組織法第2条」の「官庁間協力」**と法的根拠づけをした。

当然の処置だと誰もが思うだろうが、その場に平時の能吏が交じっていたら、なかなかこうはスムーズにいかず死者の数はまちがいなく三桁に達しただろう。幸いに自衛隊や青木医官は危機管理官だし、日野原院長は決断力に富む日本有数の名医だった。

こうして「よし、すぐ運べ」となって、8つの病院にパムが届けられた。

日野原院長が、ほかの7病院に電話を入れて、パムを注射するよう要請する。

7つの病院は、すべて日野原院長の要請に応じた。

これは医師たちに尊敬されている日野原院長からの要請だったのが大きい。ふつうは、確信のない注射など簡単にしないのが、医者であり病院というところだ。血液検査やレントゲン撮影をして「3日後にまた来てください」となる。

ところが、このときは違った。

おそらく医師たちは「日野原先生の要請だ」ということで、運を天に任せて百数十人の重症患者にパムを打ち、その多くを救うことができたのだ。それでも、そのとき6名、後に6

名と、あわせて**12名の死者**と、パムが足りなかったため数百人の後遺症に悩む患者を出してしまった。

日野原先生が後日、「人間の運命とは不思議なものですね。2800名は助かって、2801人目から特効薬がなかったんですから」とつぶやいたことがある。

●「功」の顕彰制度を復活させよ

しかし、満員の地下鉄でサリンを撒かれて死者12名というのは、世界の化学防護研究の常識からいくと、ほとんど奇跡に近い危機管理の成功例だ。

地下鉄サリン事件の現場では、このように見事な危機管理が行なわれた。当時は**社会党の村山富市氏**が内閣総理大臣であり、官房長官も社会党の**五十嵐広三氏**、阪神大震災の被災地である神戸選出の代議士が**土井たか子氏**で、日本政府が混乱して右往左往するだけだったのは、多くの国民が知るところだ。それでも、事件の現場では無名の英雄たちが活躍し、被害を最小限に抑えてくれた。

だが**日野原院長**（無給で院長を引き受けていた）や**青木医官**が叙勲なり顕彰の対象になることは、ついになかった。

日野原院長を無名というのはどうかと思うが、青木医官のような無名の英雄には「勲○等」ではなく「功○級」を贈るのは良いことだと思う。日野原院長は2005年に文化勲章をもらっているが、これはわが国の文化の発達において長年のすぐれた功績が認められた人がもらう「勲」章だ。

その点「功○級」なら、何か事を成したときタイミングよく与えることができる。戦前戦中は、軍人に対し「功」という等級のついた金鵄《きんし》勲章というものがあった。

これは戦後になって廃止されたが、復活させれば良いと私などは考えるのだ。日教組的な人たちが、使い古された「帝国主義復活につながる恐れあり」のフレーズで反対するかもしれないが、ほうっておけばよい。

私が叙勲や顕彰にこだわるのは、ひとえに(特に日本では)労多くして報われることが少ない護民官たちのモチベーションの問題なのだ。

誰かが表彰されることで、その後に続く人たちにとってどれほどエネルギーになり、やりがいになるか、ということなのである。

スペインで受賞した**CNBC**のような専門部隊は、地下鉄サリン事件の当時とは違って、いまではCRF(中央即応集団)の一部として組織され、**機動運用部隊**(第1空挺団や第1ヘリコプター団など）とともに運用・管理されるようになった。

徐々にだが、日本の危機管理システムも改善されてきつつある。

第2章〔危機の現場〕篇

日本を救った「現場」の英雄たち

◉2011年3月12日福島第1原発1号機水素爆発。ついで14日3号機が水素爆発した。

2012年3月14日11時1分福島第1原発3号機水素爆発
〈福島中央テレビ・提供〉

●危機から誰が守るのか——

福島原発、吉田昌郎前所長「死ぬだろう　数度思った」

報道陣の質問に答える福島第１原発の前・吉田昌郎所長（朝日新聞２０１１年11月13日）

〈朝日新聞社・提供〉

●防災庁舎から避難呼びかけ、津波の犠牲に——

町職員、遠藤未希さんの「天使の声」教材に

遠藤未希さんが防災無線で避難を呼びかけ続けた防災対策庁舎〈写真提供・共同通信社〉

【第三話】——原発冷却のサムライ

〝抗命〟の指揮官魂——吉田昌郎前第一福島原発所長の勇気

東日本大震災は福島第一原発事故の誘発によって、深刻な国際問題ともなった。世界中の国々が、日本国民を襲った大きな不幸に同情を寄せつつも、同時に原発事故の真相についてはいまもなお、この上なく強い別の関心を抱いて注目している。

日本政府から、世界の誰もが納得できる内容の原発事故終息宣言が出ない限り、日本に対する国際社会の注視がやむことはない。

原発事故が国際問題であること、また日本国民にとっては、それ以上にストレートな命の問題であること。この二つの意味で日本を救った英雄がいる。

それは福島第一原子力発電所の**吉田昌郎前所長**（57）である。

彼は、いまや誠に評判の悪い「東京電力」の社員ということになる。しかし、もし彼があのときあそこにいなければ、福島第一原発事故はほぼ間違いなく人類史上最悪の大惨事となり、日本国民を恐怖のドン底に陥れていただろう。

テレビに出て横一列で会見などをしていた東電幹部とは、彼はまったく違うのである。

あの幹部たちは高級官僚と同じだと考えればいい。現場など知りもしないし、平時にはプライドの固まりで、現場の人間などは内心で見下している。

そして、危機に際しては責任の所在をなすりつけて逃げまわり、トップの清水正孝社長は入院した。

ところが、**吉田前所長**は技術者出身だ。

彼は以前にも福島第一、第二原発にいたこともあり、現場を、理論的にはもちろんのことだが、そこで働く人たちの心の機微を含めて、非常に良く理解していた。だからこそ、彼は危ういところで日本国滅亡の危機を救ったのである。

●日本を壊滅から救った現場指揮官の人間力

組織の中上級管理職の現場指揮官にとって、トップから誤った命令を受けたときほど困ることはない。

しかもその発令者が実務に疎く、あるいは事の重大さに一種錯乱してしまって、恐怖ややり場のない怒りで我を忘れている……。この構図こそ、官邸の上層部が福島第一原発事故で大混乱に陥ってしまっているとき、**メルト・ダウンした原子炉に対する海水注入**の中止を指示する命令が出されたのと、まったく同じと言っていいものだった。

これは後で明らかになったことなのだが、このとんでもない命令は、官邸の対策本部に詰めていた東電の武黒一郎フェロー（副社長相当）の無責任極まる推測が元凶だったのである。

武黒フェローは菅総理の意思確認もしないまま、総理は反対らしいという推測で現場指揮官の吉田所長に海水注入を止めるよう命令してしまった。

危機管理上の指揮命令において、この「**命令・変更・混乱**」（オーダー・カウンターオーダー・ディスオーダー）は厳しく禁じられている手法なのだ。

命令は誤伝されやすい。特に皆が興奮し混乱を極めているときほど、受令者は発令者の意思確認をしてから、初めて行動に移らなければならない。

ここで、長いこと危機管理官だった私の経験から一言のべておきたい。

警察庁・警視庁時代にさまざまな事件を現場処理していた私は、たとえば「**官邸からのご指示です**」「**アメリカ大使館の要望です**」といった類の**伝聞命令**を、しばしば受けることがあった。

そんなとき私は、官邸やアメリカ大使館なるものは口を聞かないのだから、官邸の誰が、アメリカ大使館の誰が、というように命令源を明らかにし、そのうえでその人物に命令権が有るか否かを、必ず確かめるようにしていた。

すると——これが実にいい加減なものなのだ。

10の命令のうち6か7までは「はて？　誰かとは聞きませんでした」とくる。

混乱し切っている現場では、ともすれば**官邸と言われるとすぐに総理、官房長官が命令の発信源だと思い込み、アメリカの意向と言われれば、少なくとも相手は担当参事官か公使、あるいは大使本人だと早飲み込みしてしまう**。

これはもう、とんでもない錯覚なのだ。

うかつにも、これを信じ込んで命令に沿った行動を起こしてしまい、あとから発信源が何の権限もない単なる「官邸詰め記者」だったと判明して、命令取消のドタバタ劇が起きたりすることも珍しくなかった。これはきっと、いまも変わらないだろう。

吉田所長が受けた命令は、菅総理の承認は得ていなかったのだ。自分が所属する組織、すなわち東電の上層部（官邸の対策本部にいる武黒フェロー）からのものだったのだが、吉田所長は「本店が止めるというなら理解できるが、官邸から止めろという話なので十分議論ができない」として、事故現場で奮闘する部下たちに、彼はなおも「**このまま海水注入を続けろ**」と指示したのだ。

これがどれほど勇気のいることかを、私は自分の経験からイヤというほど知っている。東電も組織的には同じで、自らは民間企業だと強調しているが、実質は警察やほかの官公庁と何ら変わらない。

上級幹部は総じて現場には無関心だ。まるきり素人の場合もある。

吉田所長は考えた。いや考えるまでもなく、こんなバカげた命令を聞くわけにはいかないと、すぐに気持ちが定まったのだろうと私は思う。彼は現場を知り尽くしている。もしいま海水注入を止めたら、溶けた炉心の熱はますます上がり、次の大爆発を招くに違いない。そうなれば福島どころか、日本全土が地獄の底に叩き落されてしまう。

幸いにも、吉田所長が「まともな」人間だったから日本は救われた。

●土壇場で自己保身を最優先させた東電幹部たちの醜態

こういうとき官僚の世界では、その多くが日本国民のことよりもまずは自己保身を考える。ここで上司の命令に逆らえば（**抗命**すれば）、即刻、所長を解任されるだろう。いまは必要だからと、いったんは見逃されたとしても、将来の昇進となるとそうはいかない。官僚は、一度でも抗命などすれば、まず将来は絶望的なのだ。

では彼らがどういう行動を取るかといえば、自分は命令を忠実に実行するだけでいいのだと割り切ってしまい、まさに言われた通りにしたうえで、それからは何もしないで次の命令を待つことに徹する。実際に官僚の世界では、この〝事なかれ主義〟が奏功することが多い。すべての官僚とは言わないが、少なくとも官僚の90％はこの道を選ぶ。かつての「サラリーマン川柳」入選作にあったように「指示待ちの　上司の下で指示を待ち」なのだ。

上からの命令に逆らえば東電社員としては終わりだが、かといってイエスマンに徹して指示通り海水注入を止めれば大爆発が起きて、現場に留まっている多くの部下の命が危ない。さらに周辺市町村ばかりか、首都圏までをも含む東日本の広範囲が危機的状況に陥り、世界中の国々からも非難轟々の深刻な事態を誘発するだろう。

こうして吉田所長は、この明らかに間違った命令を握りつぶす決意を固め、原子炉への海水注入を続けさせた。

3月13日の2号機への海水注入にあっても吉田所長に本店側が「材料が腐っちゃったりしてもったいない」などと指摘していたことが、最近の東電が公開したテレビ会議でわかった。これに対して吉田所長は「今から真水というのはないんです。時間が遅れます」と強調。さらに「今みたいに（冷却水の）供給量が圧倒的に多量必要なときに、真水にこだわっているとえらい大変なんですよ」と強く言い返した。

結局本店も「現段階では」と了承した。

もし危機に瀕して「もったいない」が優先していたらどうなっていたのか。考えても怖ろしい。

吉田所長の見事な決断だった。


話を3月12日夜に戻す。

1号機への海水注入中断命令を吉田所長が握りつぶしていたところ、官邸では記すのもバカバカしい諍《いさか》い劇が展開されていたらしい。

総理の考えを勝手に憶測しての誤った伝聞命令が伝えられていたことが明らかになり、これを知った**菅総理**は激怒する。

まさに〝イラ菅〟で「**オレは言っていないぞ！**」と周囲に怒鳴り散らした。

菅総理側近のイエスマンたちは、責任の押しつけ合いをするばかり。頭に血が上った**菅総理が「すぐに海水注入を再開しろ」**と言い出し、さっそく吉田所長に命令を伝えたのだが、あとになって海水注入は続いているとわかって、**吉田所長による命令の握りつぶしが発覚した**のだという。

この話には、まだ続きがある。

吉田所長の「**抗命**」がわかると、今度は「**彼を処罰すべきだ**」「**いや判断は正しかった。ここはホメるべきではないか**」と、大真面目な議論が繰り広げられた。根本のところで、事の重大さが誰一人わかっていない。

腐ったリンゴは樽からすぐ出さなければ、まわりのリンゴまですべて腐ってしまう。官邸、東京電力の腐ったリンゴのような人たちの中に、吉田所長のようにまともな果実のような人物を見つけたとき、私は救われた気持ちになって心からホッとした。

吉田所長はハラの据わった**頼れる現場指揮官**であり、**誤った命令を敢然と握りつぶしてしまった勇気**は、実に見上げたものだ。

私には、その勇気が余計によくわかる。そこで、健康上の理由で所長から引いた吉田氏に代わって、イザというときは彼に続いてもらいたい人たちに対し、一つ経験上からのアドバイスをしておきたいと思う。

こういうときは最初から「**抗命**」、つまりハッキリと**命令を拒否**してはいけない。

吉田所長がやったように、上からの命令はともかく受け取って、その後で自分の責任において握りつぶす。いささかトリッキーに思われるかもしれないが、発令者が正常な心理状態にないのだから、受令者としてはこのやり方でかまわない。

危機管理に決まったマニュアルはない。ときには変化球も必要なのだ。

●第二次安保警備での「命令握りつぶし」の実例――東大、早大警備

かつて「横紙破り」とよばれた私には、そんな**命令握りつぶし（抗命）**経験が何回もある。

たとえば**東大紛争**のとき。1968年11月、**林健太郎文学部長**が全共闘の学生たちに**不法監禁**され、数日間の吊るし上げ状態に置かれたことがある。永田町の声が、そして世論が沸騰して「なぜ警視庁は林学部長を救出しないのか」と大騒ぎになった。

ここで困ったのは、法的には林学部長の被害届がないと、不法逮捕監禁罪が立件できないのである。

そこで、奥さまが差し入れる着替え用下着の中に「機動隊が救出しますので、救出後、逮捕監禁罪の被害者調書作成にご協力ください」と書いたメモを入れて、密かに林先生に申し入れた。着替え終えた下着に、林先生の返答が挟まって返ってきたのだが、それを読んで私は驚愕した。

「（学生たちに占拠されている）**安田講堂封鎖解除のための機動隊要請には賛成。私の救出のため**

の出動は無用。只今、学生を教育中」とあったのである。

林先生は後に東大学長になるが、それにふさわしい器だったということだ。

一方、当時の**警視総監だった秦野章さん**は「猛将」のアダ名のごとく、いい人なのだが怒りっぽくて気が短い。警備課長だった私に電話をかけてきて、

「まだ強行突入せんのか、なぜさっさとやらんのか！」と怒鳴り散らす。このとき、吉田所長のように賢くなかった私は、これに**真正面から抗命**してしまった。

「東大警備は一万人の機動隊で一万発のガス弾を打ち込んで一万人の暴力学生を逮捕するという大警備でなくてはいけません。林先生は被害届を出さない意向です。ゆえに**不法逮捕監禁罪は立件できません**。ご自身救出のための機動隊出動は無用、私はいま学生を教育中とメモにありました。**立派なものだ**と思います。学者ばかりの東大に、いま林健太郎という一人の偉大な**教育者**が生まれようとしているときでもあり、ここはしばらく林先生の意思を尊重し、動向を見守って加藤代行の正式要請の決断を促すべきだと考えます。東大警備は学園紛争の〝天王山〟です。」と〝抗命〟したものだった。

秦野総監は激怒した。

「お前は〝**抗命罪**〟だ。抗命罪を知っとるか？　昔の軍隊なら君は**銃殺刑**だ！」と一喝されて、電話を切られてしまった――。

私は私で「自分が正しい」と思っているから、興奮がおさまらない。

すると、事情を察知したらしい同い年の一期先輩の村上健公安総務課長が近寄ってきて言った。

「佐々さん、**真正面からの抗命**はまずいよ。要はハイ、ハイと聞いておいて、やらなきゃいいんだ。催促されたら、**現場大混乱のゆえ連絡相手の藤木英雄教授が見つかりません、ただいま必死に探しております**、って言っときゃいいんだ」

先ほどまでの興奮も忘れ、私は村上課長の老獪さに舌を巻いた。

そして思った――よし、今度からオレもその手でいこう！

実地訓練の機会は約10カ月後の1969年9月にやってきた。**早稲田大学封鎖解除警備**である。

大隈講堂や早大会館に立て籠もった早大全共闘は、建物の上からドラム缶入りのガソリンを流し、火の滝をつくって機動隊を迎え撃った。学生たちが投石、火炎ビンで抵抗する中、第八機動隊の山根隊員が大隈講堂屋上にたどり着く。これを学生の一人がゲバ棒で突き落とし、山根隊員は私の目の前で十数メートルを真っ逆さまに落下した。

全身打撲、両手両足、腰骨骨折。瀕死の重傷である。これは間違いなく殉職だと、私は暗澹たる気持になった。

この報が秦野総監に入ったからたまらない。激怒して火の玉となった秦野総監の口から、「大隈講堂の上の学生ども、五体満足で捕まえるな。全員の手足、おっぺしょれ！」という凄まじい命令が飛び出した。

命令伝達係もまた、少しは手加減すればいいのに、そのまんまを警備無線に向かって叫んだ。当時は警察無線を全メディアが違法に傍受しているくらい常識だった。過激極まる命令を、記者クラブの全員が聞いてしまったのだ。

私は大隈講堂すぐ脇の現場指揮所（バス型の多重無線車内）にいて、下稲葉警備部長と一緒にその命令を聞いた。心境としては、聞いてしまった、が正しい。聞かなきゃよかった。

警備部長が私を車外に誘い、

「おい佐々課長、どうする？　命令どおりやれば、我々は特別公務員暴行凌虐罪だ。かといって、やらなければ秦野総監に怒鳴りつけられ、解任されるかもしれん。困ったな」

「部長は、部下の私に命令を伝達しました、と言えばいいでしょう」

「それで、君はどうする？」

「私は、負傷した山根隊員の直属上司の八機・村松隊長に命令を伝達しようと、乱軍の中を探し回りましたが見つからず、ついに伝達できませんでしたと総監に言います」

これぞ村上課長直伝〝**命令握りつぶし**〟の荒ワザである。

本部のある警視庁に戻ると、三階にある警視総監室は大騒ぎになっていた。

総監の「**手足おっぺしょれ！**」**命令**を傍受したメディアが、記者クラブ総会で申し合わせたうえで総監室に押しかけ、総監吊るし上げ会見の真っ最中だったのである。記者から質問が飛ぶ。

「本日の早大警備は学生側の重傷者多数で、特に手足の骨折が多かったと聞いています。救急車サイレンが鳴りわたり、それは警視総監直命で機動隊が暴行を加え、それもなぜか手足を集中的に狙ったらしいという声があるのですが、総監、そんな命令を出したんですか？」

いつも強気の秦野総監もタジタジの様子だ。あいかわらずのベランメエで反論する。

「そんなことはねえやな。機動隊がそんな乱暴をするわけがない。オレはそんな命令、出してはおらんぞ。なあ、警備部長」と、苦し紛れに同席の下稲葉警備部長に振った。

「はあ……。アッ、いまちょうど、現場指揮をしておりました佐々第一警備課長が帰ってまいりました。詳細は彼から説明させます」

と現場指揮官の私に振ってきた。いつもこうなのだ。だから、私は上司の代わりにメディアの質問の矢面に立つのに慣れてはいた。

「屋上まで部隊と一緒に昇って、籠城学生を全員検挙しました。あれだけ抵抗したのですから、若干名の負傷者はいましたが、ご質問のように手足の折れた学生など一人もおりませんでしたよ。救急車のけたたましいサイレン音をご指摘された方にお答えすると、あれは第八機動隊の山根隊員のための出動です。山根君は全身打撲、骨折の重傷でした。みなさん、このこともちゃんと書いてくださいよ」

実際の現場にいた者の報告は何より強いのである。

数十人の記者団は黙り込んだ。逆に秦野総監、にわかに元気になった。

「それみろ。オレが言った通りだ。そんなバカな命令、オレが出すわけがないだろう。機動隊がそんな無茶をするもんか！」


まったく、よく言うよ……。

後年、名著**『山・動く』**（ムービング・マウンテンズ）の監修を同文書院インターナショナルに頼まれたとき、この経験と同じ内容の記述に出会って、私は何となく嬉しい気分になった。
著者は**湾岸戦争**（1990）で米陸軍の補給司令官だった**ウイリアム・ガス・パゴニス中将**。

ロジスティクス（補給）面で大功を立てた名将である。この本の中に、彼がまだ中隊長クラスだったころのエピソードが書かれていた。

ベトナム戦争（１９６０～７５）の最前線で、彼が指揮する部隊の一部がベトコン（南ベトナムのゲリラ兵団）に包囲されて孤立してしまう。救援に赴こうとしたとき、上級指揮官から「直ちに全員撤退せよ」との命令が無線で伝達されてきたそうだ。

命令に従わなければ「抗命罪」で軍法会議、命令通りに撤退すれば部下を見殺しにするというジレンマに陥ったのである。パゴニス中将は、このように述懐している。

〈**私は無線の故障を装った。誤った命令を受けたときに伝統を誇る軍隊で使われている昔ながらの手だ。**〉

●危機管理力を磨くには「心に地獄図を描け」――決断の見取り稽古――

危機管理の教訓の歴史をひと言でいえば「戦争」である――これが欧米諸国だ。だから彼らは、あらゆる危機に対応するためのノウハウを蓄積している。その意味で、こうした命令の握りつぶしも、ときには必要な危機管理術と認められているわけだ。

日本にはそうした危機管理の伝統はない。しかし、東電の吉田所長しかり、ついでに私のケースもしかりで、上手くやれば何とかできてしまうものである。

そして結局は、吉田所長が貫いた信念によって東電と菅政権が何とか救われ、早大闘争では警視総監と警備部長と私が特別公務員暴行凌虐罪で訴追されずにすんだ。

皮肉というべきか、命令違反者が結果として命令者の上司を救うこともある。


余計なお世話と言われるかもしれないが、国有化が決まった東電での吉田前所長の立場はどうなるのだろう。

これまでの東電だったら、聞こえは良いが、しかし実質的には閑職に回されて、定年を迎えた可能性が高かったにちがいない。

なぜなら、吉田前所長が表舞台にいると、今回つとに知られてしまった東電幹部のダメぶりが、余計に際立ってしまうからだ。

この伝を敷衍すれば、世界中から賞賛された日本の名もなき英雄たちを顕彰しないのも、顕彰などしたら、対照的に政府や東電幹部に代表される日本の指導層のダメさかげんが余計に目立ってしまうからだ、ということになる。

いずれにせよ、東電など平時の発想でできている大組織（＝官僚組織）では、故意の命令違反は大きなマイナスポイントだ。危機管理上は正しかった……などと主張しても聞いてはくれない。私も、結局は官僚の頂点（警察なら警察庁長官、ほかの省庁では事務次官）には届くことなく公務員生活を終えた。

いつのころからか、私は官僚的発想から離れてしまっていたようなのだ。官僚になった以上はトップの事務次官を目ざせ、と我が永遠の上司・後藤田正晴さんにも何度か言われた。しかし私は、**何になったかより、何を成したか**、に価値を感じるのである。

各省庁の事務次官や警視総監の名前を覚えている国民は極めて少ないが警察庁の局長さえやらなかった私のことは少なくとも数万人の読者の方たちが知っていてくれる。

これから吉田前所長が病気がなおった後、東電でどんなポストにつくのか知らないが、私は、彼が成した仕事の価値の大きさをぜひ明らかにしておきたいと思い、この人を本編のトップで取り上げた。

さらに彼の福島第一原発事故での活躍からは、危機管理のノウハウをたくさん導き出せるのだ。

たとえばこんな危機が襲ってくるとあらかじめわかっていれば、相当なところまで対処できるものだ。

「**心に地獄図を描け**」というのが私のモットーだ。最悪の事態を予想していれば、現実に起こったことがそれより「より少なく悪い」と人間は不思議に「ああよかった」となるものなのである。

技術者出身の吉田所長はおそらく、日ごろから頭の中で原発事故の際のシミュレーションをしていたにちがいない。だから吉田前所長は政府や東電幹部の誰よりも、よく事故の実態を把握できたのだ。廃炉にしたら東電の経営が傾くとか、そんなことは考えずに、どうすれば被害を最小限に抑えられるかをしっかりと押さえていた。

人は想像できていた危機には強いが、想像できなかった危機には弱い。

【第四話】――町職員・遠藤未希さんの殉職

我が身を犠牲にして多くの町民の命を救った「天使の声」

〔この遠藤未希さんに関しては、河北新報が報じた3つの記事（河北新報２０１１年4月12日、5月2日、２０１２年1月27日付）から事実関係を参考にし、一部引用（〈〉で明示）した〕

東日本大震災という不幸な暗い出来事の中で、この女性は一輪の可憐な花のように咲いている。しかし、その花の色は哀しく、涙の向こうでしか見られない。

彼女もまた、この大災害で輝く未来を断ち切られてしまった犠牲者なのだ。

遠藤未希さん、当時24歳。宮城県南三陸町の町職員だった。


２０１１年3月11日14時46分。突然に襲ったすさまじい揺れがおさまると、町民たちは、呆然と立ちすくんだ。

いったい何が起きたのか、いきなり信じられない光景を目の前に突きつけられて、にわかには理解できないでいた。何をどうしたら良いのか。

同時に、どこからか若い女性の声が流れてくるのだ。そういえば、その声は地震発生時から、ほぼ時を移さず流れてきていたようだった。

防災無線が、今度ははっきりと聞こえた。

「大津波警報が発令されました。高台に避難してください」

「6メートルの津波が予想されます」

「異常な潮の引き方です」

「早く高台へ逃げてください！」

町民たちは、その放送に促されて、それぞれに行動を起し始めた。

町に響き渡っているのは、南三陸町役場の**危機管理課職員・遠藤未希**さんの声だった。その声はさすがに緊張を隠せないものの、取り乱している様子はない。

津波だって？　これは大変なことが起きるらしい。そうか、高台に逃げろと言っている、そうか、高台へ逃げなくては――。

そのとき南三陸町役場危機管理課では、町民たちに何とかして大津波襲来の危機を知らせようと、職員総出で走り回っていた。

地震が発生すると、職場がある町役場防災対策庁舎２階にいた遠藤さんは、すぐに〈放送室に駆け込んで防災無線のマイクを握った〉という。（河北新報＝以下同、４月12日付）

南三陸町がある三陸海岸沿いの地域は、歴史的にみて何度もひどい津波被害に見まわれている。危機管理課の職員だった遠藤さんは、大地震の後には大きな津波を警戒すべきことが、よくわかっていたのだろう。だから、とっさに防災無線のマイクを握った。

町のみんなに、津波の危険を一刻も早く知らせなくてはならない！

一度や二度の放送ではダメだ。何度も何度も、繰り返し放送して、大津波の危険を呼びかけなくてはいけない。地震発生から30分ほどの間ずっと、遠藤さんは上司の三浦毅さんと交代で防災無線のマイクを握りしめて、高台への避難を町民に訴え続けた。放送回数は44回に及んだという。


地震発生から約30分後の15時15分。すでに30人ほどの職員が避難していた庁舎の屋上から「津波が来た！」と、大きな叫び声が聞こえてくる。それでもなお、遠藤さんはマイクを握り締めたままで立ち上がり、必死の思いで最後の訴えを試みたらしい。

「大きい津波がきています。早く、早く、早く高台に逃げてください。早く、高台に逃げてください！」。

これ以上は無理だ。

最後まで危機管理課に残っていた職員たちに向かって上司が叫んだ。

「もうダメだ。避難だ、避難しよう！」

遠藤さんたちは、上司の指示でいっせいに席を離れた。

津波はすでに防潮堤を超え、グウォーンッと聞いたこともない不気味な音とともに、真っ黒な禍々しい姿となって、一気に町を飲み込んだ。遠藤さんたち職員の避難と、津波の襲来とは分単位どころか、秒単位の違いでしかなかったろうと思われる。

もっと早く避難していれば——あなた方はもう、とっくに十分すぎるほど職責を果たしていたではないか！

同僚の一人は、遠藤さんが屋上に避難しようと放送室を飛び出すのを見ている。（4月12日付）とすれば、ほかの職員と同じように遠藤さんは、庁舎の外階段を使って屋上へと逃れていたはずだ。いまとなっては、それを確かめる手立てはない。人智人力を超えた黒い悪魔の襲来だったとしか、表現のしようもない想像をはるかに超えた大津波は、庁舎の屋上までも、一呑みに飲み込んでしまったのである。

津波が去ると、庁舎の屋上に避難していた職員たちは、口々に声を掛け合った。

〈「おーい、大丈夫かぁー」

「あぁー、あー…」

力のない声が聞こえた。30人ほどいた職員の数は、わずか10人であった。しかしそこに未希さんの姿は消えていた。〉（２０１２年1月27日）

●国際的に称賛された日本人の美質――自己犠牲の精神――

遠藤未希さんは、この日から1ヶ月余の間ずっと、行方不明のままだった。

南三陸町では、1万7000人の町民のうち半数近くが、遠藤さんが訴えた「高台に避難」するなどして一命をとりとめている。

〈遠藤さんの声は、住民の記憶に刻まれている。

山内猛行さん（73）は防災無線を聞き、急いで高台に逃げた。「ただ事ではないと思った。一人でも多くの命を助けたいという一心で、呼びかけてくれたんだろう」と感謝する。

娘との再会を果せずにいる（父の）清喜さんは、無念さを押し殺しながら、つぶやいた。「本当にご苦労さま。ありがとう」〉（4月12日付）

〈遠藤さんは1986年、南三陸町の公立志津川病院で産声を上げた。父清喜さん（56）と母美恵子さん（53）は待望の第1子に「未来に希望を持って生きてほしい」との願いを込め「未希」と命名した〉（4月12日付）

後に妹となる第2子も誕生した。遠藤さんは素直で真っ直ぐな気性のまま、すくすくと育っていったようだ。

長じて介護の仕事を志し、高校を卒業すると仙台市内の介護専門学校に入った。

無事卒業するも、地元に帰ってほしいとの両親の願いを入れて、南三陸町に町職員として戻る。そのとき彼女は、すでに運命的な出会いをしていた。同じ年のその男性とは、仙台の専門学校時代に知り合ったのだという。お互い結ばれることを望んだ。

ところが、長女を嫁に出すことに、両親は難色を示した。

このとき、遠藤さんは「どうしても、この人と結婚したい」と、自らの強い意思を両親に伝えている。珍しいことだった。母・美恵子さんは言う。

〈「素直で我慢強い未希が人生で唯一、反抗したのが結婚の時。それだけ、良い相手と巡り合えたのは幸せだったと思う」〉（4月12日付）

相手の男性が養子として遠藤家に入ると申し出て、結婚への障害はなくなった。

２０１０年7月17日、２人は町役場に婚姻届を出した。職場の仲間にも祝福されて、笑顔で記念写真に納まった2人の姿が残されている。結婚披露宴は、町役場の仕事に慣れてからということなのだろう、２０１１年9月10日に予定されていた。

日本三景・松島のホテルでの挙式を半年後に控え、遠藤さんは女性としての幸せの絶頂期に奇禍に遇ってしまったことになる。

介護の仕事をめざしたというから、遠藤さんの中にはもともと、何かで社会に貢献したいという思いがあったようだ。

世の中のためになることをしたい気持ちは、読者の方たちにも必ずあるはずなのだ。日ごろから「世の中、カネがすべてだよ」と言ってはばからない人たちもいるが、「何か世の中のためになりたい」という、おそらく万人共通に持っている気持ちは、危機に際して勇気を鼓舞するパワーに、さらに一歩進んで**自己犠牲の精神**となるのだ。

●2011年4月23日——天使の遺体、海中より発見さる

ご両親が悲しみを新たにする日が、ついに来てしまった。

遠藤さんの遺体が発見されたのである。

4月23日のことだった。志津川湾に浮かぶ荒島の北東約700メートルの地点で捜索隊が発見したという。

〈両親や昨年7月に結婚した夫らが遺体を写真で確認し、左足首に巻かれているオレンジ色のミサンガや、右肩付近のあざなどの特徴が遠藤さんと一致したという。ミサンガは夫からのプレゼントだった。（中略）美恵子さんは3月下旬、遠藤さんが水中で亡くなっている夢を見た。「未希が『早く捜してほしい』と、助けを求めていると思った。亡くなったことはつらいが、遺体が見つかり、家に迎え入れることができるだけでもよかった」と言う。

清喜さんは「家に帰って来てくれれば、いくらかでも気持ちは違うと思う。今も行方不明

の方々がいることを考え、葬儀はしめやかに行いたい」と話した。〉（5月2日付）

遠藤さんの実家も津波で被害を受けており、両親は避難所で暮らしながら、手掛かりを求めて瓦礫の町を探し回り、遺体安置所の町総合体育館に通い続けていた。

遺体発見までの43日間は、両親にとって希望と絶望の間を行き来する、さぞかし辛い日々だったろう。その気持ちを思いつつ、改めてご両親の談話を読み返してみると、やり切れない思いはいや増すばかりだ。

〈5月4日、しめやかに葬儀が行なわれた。

会場に駆けつけた町民は、口々に

「あの時の女性の声で無我夢中で高台に逃げた。あの放送がなければ今ごろは自分は生きていなかっただろう」

と、涙を流しながら写真に手を合わせた。（中略）

出棺の時、雨も降っていないのに、西の空にひとすじの虹が出た。〉（2012年1月27日付）

南三陸町の防災対策庁舎では、遠藤さんを含む町職員ら39人が犠牲となった。

佐藤仁町長も庁舎にいて津波にさらわれた一人だ。

佐藤町長は津波被害の象徴として庁舎を保存する旨をはかったが、遺族らの強い意向で解体と決まった。では、南三陸町の名もなき英雄たちのことは、やがてこのまま人々の記憶にも薄れていってしまうことになるのだろうか……。

●遠藤未希さんが残した素晴らしい教材

その一報を聞いたとき、私は実に嬉しかった。

2012年1月26日。埼玉県が県内の公立小中学校約1250校の道徳の教材として、遠藤未希さんの「人への思いやりや社会へ貢献する心」を伝えることになった、というのだ。いじめ問題だの、見て見ぬふりの教師だの何かと評判が悪い教育界だが、埼玉県のこれは久々の大ヒットである。

遠藤さんを紹介する文章のタイトルは「**天使の声**」に決まった。

「遠藤未希さんの使命感や責任感にはすばらしいものがある。彼女らの行動を通じ、人への思いやりや社会へ貢献する心を子どもたちに伝えていきたい」(埼玉県生徒指導課・浅見哲也指導主事)

〈父・清喜さんは「娘が生きた証になる」と話し、母・美恵子さんは「娘は自分より人のこ

とを考える子だった。子どもたちにも思いやりの心や命の大切さが伝わればいい」と涙を流した。〉（同日付、東京新聞夕刊）

ご両親の談話などから察せられる遠藤さんの人柄を考えると、あるいは泉下の彼女は、同じく命を落とした南三陸町役場の同僚たちのために、天国で大いに喜んでいることだろう。何しろ彼女たちの行動を約１２５０校、数万人もの児童生徒が「天使の声」を通じて知ることになる。

幼き日、若き日の記憶は鮮烈に残るものだ。使命感、責任感、人への思いやり、社会への貢献、自己犠牲……こうした精神の尊さ、価値を知っている子どもたちが育ってくれれば、日本の未来は明るい。これこそ、遠藤さんが心から望んでいたことではなかったのか。

それにしても、ご両親は愛する娘へ、実にふさわしい名前を贈ったものだ。

未希…**未来と希望**。彼女は「**天使の声**」を残して、私たちに日本の未来と希望を予感させてくれる。彼女もまた、口先だけの政治家や官僚にはできなかった大仕事を、見事に成し遂げたのだった。

――合掌。

第3章〔消防〕篇

公助が遅い国家ニッポンを支える無名のヒーローたち

消防庁

◉石原都知事を感涙させた消防(ハイパーレスキュー隊)の活動

福島原発での放水作業

左より、東京消防庁冨岡豊彦総括隊長、佐藤康雄警防部長、高山幸夫総括隊長の記者会見

瓦礫の山の中を捜索

逃げ遅れた被災者を救出する消防隊員は、中越地震の時も活躍した

◉消防レスキュー隊——

新潟県中越地震で感動の救出

車体と大きな岩の間の幅約50センチ程のすき間で、優太ちゃんは見つかった〈朝日新聞社・提供〉

懸命に救出した消防ハイパーレスキュー隊・齋藤俊巳隊員

〈東京消防庁・提供〉

●「公助」が期待できない日本では「自助」と「互助」を強化せよ

東日本大震災において、岩手・宮城・福島3県で死亡・行方不明となった消防団員は254人。各自治体の消防本部職員にも計27人の殉職者と4人の行方不明者が出た。

ちなみに、消防本部は各市町村に常設されている消防組織（ex．○○市消防局など）で、所属する人たちは消防職員と呼ばれる。対して消防団員は、非常勤の特別職地方公務員であり、多くは本業を持っていて、火災や自然災害が起きると消防活動や救難・救命などをする人たちだ。

その原型は、時代劇に出てくる江戸の町火消しだと考えればいい。

給料などは無いも同然で、たとえば岩手県釜石市では全消防団のうち8割を占める「団員」「班長」という階級の年間報酬は2万3000～2万6500円、火災などによる出動手当が一回につき1500～1700円（2008年4月現在）。要は地域住民でつくる自警団のようなものだ。**日本は公助がまるでなっていないから、**仕方ない、**災害は自助と互助で凌《しの》いでいこう、**というわけである。

例えば、津波の被害が大きかった岩手県、宮城県における消防団員はそれぞれ2万3420

人、２万１６８１人。消防吏員（いわゆる消防官）がそれぞれ１９２６人、２９６３人（すべて２０１０年４月１日現在）だから、地域の防災がいかに消防団員によって支えられているのかがわかるだろう。

隣の洋品店のオジさんや、向かいの魚屋のお兄ちゃんなどの〝一般市民〟が、ボランティア精神で消防団に参加している。それだけに、地域住民には実に身近な存在だ。

だからこそ彼らは町内で火災や自然災害が起こると、我を忘れて消防、災害救助活動に邁進することになる。結果として東日本大震災でも、その純粋な犠牲的奉仕精神が多くの殉職者を生んでしまうこととなった――。

【第五話】――消防団員・越田さんの壮烈な殉職

鳴り続ける半鐘は火消しの心意気

（越田冨士夫さんに関しては、以下の記事や資料――毎日新聞２０１１年３月23日夕刊、読売新聞３月28日、朝日新聞４月１日、朝日新聞デジタル版４月７日、及び消防庁、総25―（７）「東日本大震災の被害状況と消防の活動」――の事実関係を参考とした）

宮城県南三陸町に「天使の声」が流れていたときに、岩手県**大槌町**では「カン、カン、カン、カン」「カン、カン、カン」と非常を知らせる半鐘が鳴り響いていた。

若い世代など聞いたこともない、時代遅れの半鐘が鳴る。それに、ついさっき大きな地震があったばかりだ。それは住民の注意を喚起するのに十分だった。大槌町安渡・赤浜地区にある**消防団**第2分団屯所で半鐘を叩いていたのは**越田冨士夫さん**（当時57）だ。

半鐘の音は風に乗り、約1・5キロ離れたJR山田線大槌駅周辺にまで届いていた。

多くの人がその音を聞いている。

越田さんは、大槌町消防団第2分団に所属する消防団員で地元出身、元は大工職だった。

団員の飛内邦男（56）さんは、越田さんが半鐘を鳴らすことになったいきさつを、以下のように話している。

地震の直後、駆け集まった第2分団の団員たちの多くは、安渡にある14カ所の水門を閉めに向かった。これは海辺の町の消防団には、地震が起きたときの最優先の仕事だ。開いた水門から、津波を街に呼び込むことになったら大変である。

1か所の水門を閉め終わったところで、飛内さんは越田さんから「おみゃー（あんた）は屯所でサイレン鳴らせ」と指示された。

言い置いて、越田さんや団員たちは水門のほうに走っていく。

飛内さんは一人、屯所に向かって駆けた。

屯所にやってきた飛内さんがサイレンのスイッチを押したが鳴り出さない。すでに大槌町一帯は停電していたのだ。もう大津波警報も出ていた。これで本当に津波でも来たら大変だぞ、と思ってはみるものの停電ではどうしようもない。

そこに、水門から越田さんが戻ってきた。

「ダメだ、停電だ。サイレンが鳴らない」と飛内さん。

すると越田さんは、

「だからワシは半鐘をなくすのに反対したんだ。半鐘は火消しの心意気だぁ」

といって、ふだんは屯所の片隅にしまい込んである半鐘を持ち出し、そのまま2階屋上への階段を駆け上がりつつ、飛内さんに指示した。

「よし、早く行げ。みんなを避難させろ」


それが越田さんを見た最後の姿になった。

半鐘を打ち鳴らすのは、大災害時にだけ許可されている。

3時20分頃、大津波は来た。高さ約5メートルの堤防を楽々と乗り越えて、アッという間に町を呑み込んだ。情け容赦のない凶暴さだった。家々はバラバラに壊れて押し流され、漁船も車も水面をキリキリ舞いしながら、なすすべもなく津波に翻弄されている。

半鐘の音は、津波が襲ってきた後もなお、鳴り続けていたようだったが、やがてパタリと音がやんだ。それが越田さんが津波に呑み込まれた時だったのだろう。

津波が去ると、屯所は基礎部分だけを残して、跡形もなく消え去っていた。越田さんが登っていたはずの屯所の櫓が、大きく変形して瓦礫の中から見つかったのは10日後だ。

しかし越田さんも、半鐘も、いまだに見つかっていない。

越田さんは逃げなかったのか、逃げられなかったのか……。

街から数百メートル離れた高台に避難していた元分団長の東梅武保さん（73）の耳にも、あの日の半鐘の音は届いていた。

「冨士夫さんには、櫓から海の様子が見えていたんではないか。逃げてくれればよかったになあ。……なんとも哀しい半鐘の音だった。いまも耳から離れね」

第2分団長の小国峰男さん（62）も言う。

「半鐘は、住民を避難させようと、とっさに判断したのだろう。叩きながら、迫ってくる津波が見えたことだろう。それでも半鐘を鳴らし続けて……富士夫さんらしい」

大槌町の大工だった越田さんは、消防団を一時やめ、出稼ぎで千葉県にいた。帰郷したのは10年ほど前だ。第2分団長を務めていた東梅武保さんが、消防団に戻るように勧めて再び団員になった。両親も他界し、家族はなく一人暮らしだった。

親類の越田泰子さん（57）は「朗らかな人でした。でも消防団の仕事をしていると、気がまぎれると言っていたから、内心では寂しかったのかもしれません」と振り返る。

若い団員に慕われ、良い手本となった。

東京生まれで東京育ちの私には、本当にはわからないのかもしれないが、越田さん以下の大槌町消防団の方々の根っ子には強い郷土愛があるはずだ。ボランティア精神だけで成り立っているような消防団員の、多すぎる殉職者数を見てもそれがわかる。

大槌町で殉職した消防団員は14人。このうち、第2分団の犠牲者は、越田さんを含めて11人にのぼった。しかし、彼ら殉職消防団員に対する保障は、実に心許ない。

報道によると、㈶日本消防協会による福祉共済制度で遺族に支払われる弔慰金は、規定では2700万円である。ところが、今度の震災では犠牲者が多く、1100万円に大幅減額されてしまったという。

あまりに多い犠牲者ゆえに、消防団員の間ではこれを問題視する動きはないらしいが、何とかならないものか。こういうときこそ行政の出番だと思う。


また、第2分団では消防車をはじめ、ほとんどの備品が津波に奪われた。

震災後、これを知った全国の有志による「**大槌町消防団を支援する会**」が結成され、2011年10月、第2分団に小型消防ポンプが寄贈されている。分団では、いつまでも越田さんを忘れまいと、このポンプに「**安渡富士号**」と名付けた。

2012年3月4日、町の高台にある**安渡小学校の仮設団地**で、震災1年の追悼式が開かれた。

そこでは地震発生時刻の**午後2時46分**、**愛知県岡崎市の消防団から第2分団に贈られた新しい半鐘が**、亡き越田さんを偲んで鳴らされている。

その弔鐘は、あの日に越田さんが打ち鳴らした激しい半鐘の音とは違い、参列者たちの胸に沁みこむように**「カーン、カーン」と長く、低く尾を引いて鳴った。**


そして、第2分団には前述の「支援する会」により、少しずつではあるが装備の寄贈が続けられている。しかし、東北3県の消防団全体で被害にあった消防車両は261台、消防団の拠点となる屯所なども420カ所が使用不可となった。

地域防災を支える消防団の役割を、政府はもっと重要視し、各消防団再建のための援助を積極的に行うべきである。

●高さ10メートルの津波に襲われた陸前高田市の消防団

岩手県陸前高田市でも、東日本大震災と大津波によって全消防団員約750人のうち、51名が死亡、または行方不明となった。中でも高田分団（団員120名）では、26名もの分団員が殉職した。

彼らは地震が起きると、ただちに仕事を中止して家を、勤め先を飛び出し、分団員たちは「高田松原」に向かって、いっせいに走った。

高田松原の内側に防潮堤が築かれているのである。防潮堤は高さ5～6メートル、全長2キロメートルという立派な造りだ。津波が予想されるとき、消防団員は何はともあれ防潮堤に駆けつけて、5カ所に設置されている鉄門をすばやく閉鎖しなくてはならない。防潮堤の鉄門に取りつくと、10数分で閉鎖作業を完了している。過去に何度も津波に襲われてきた地域住民からなる組織の日頃の訓練の賜物である。

しかし今回の自然の猛威は、はるかに人智を超えていた。

高さ10メートルの大津波は、高田松原も、防潮堤も、そして街も、すべてをアッという間に呑み込んだ。

殉職した分団員たちは、鉄門の閉鎖作業を終えてからも高台に逃げず、多くが市内に留まっていたという。
市民から寄せられた目撃談によると、ある団員は津波の様子を見に行こうとする市民を止めようとしていた、またある団員は高齢者の手を引いて逃げる途中で津波に流されたらしい。名前が確認できたところでは、調理師だった後藤秀也さん（32）がいる。後藤さんは、海岸近くに留まり「早く逃げてー！」と必死に注意を促していたという。
後藤さんの遺体は9日後、海岸から数キロ離れた山あいで見つかった。（以下、2011年11月29日共同の事実関係も参考にした）
当時市内で高台への避難誘導を行っていた分団員の菅野秀一郎（35）さんは、振り返った時に海の近くにある電柱が津波で次々と倒されるのを見た。「津波だ、逃げろ！」と叫びながら逃げたことで、自身は無事だったが、弟さんを亡くし、自宅と店を失った。

だが、菅野さんは翌日から、不明者の捜索にあたる。

「住民をよく知っている消防団員がやらないと」

地域に根ざした組織ならではの使命感で、1日100人以上の遺体を確認し続けた。


市消防団長の佐藤勝さん（当時58）はそのとき、市消防署に駆けつけた。

防潮堤を映し出す3台のモニターに見入る。鉄門はすべて閉じられた。安心したのもつかのま、今度は同じモニターが襲いくる津波を映し出す。防潮堤の2倍にも達する大津波に佐藤さんは絶句した。こんな化け物を相手に、どう戦えというのかと感じたという。


陸前高田市は、現場も地元自治体もできる限りの備えをしていた。

消防団員は、地震が来たら急いで防潮堤の鉄門を閉じる訓練を、日ごろから怠らなかったし、地元自治体も高さ5～6メートル、全長2キロという防潮堤をつくっていたのだから、備えがなっていなかったと責任を問うのは気の毒だ。

高田松原もそうだ。国指定の名勝で、夏は海水浴場にもなり、年間数十万人の観光客が訪れていた。しかし、この松原もそもそもは防潮林で、江戸時代の初期に6200本のクロマツを植えたのが始まりで、その後アカマツも加えて増林し、7万本になったのだという。

仙台藩も大事にしていたし、庶民には白砂青松の景勝地として、今も昔も変わらず人気が高く、実際に防潮林の役割を果たしてきた。過去何度も起きた三陸沖地震や、チリからやってきた津波にも、立派に対応してきている。

陸前高田市民にとって、高田松原は地震対策の象徴でもあったと言っていい。

その高田松原が、たった1本を残して全滅したのだから、地元民のショックはなおさら大きかったろう。1本だけ残った松は「奇跡の一本松」と呼ばれているが、残念ながら根が腐り始めて、もう長くはもちそうにないということで、地元住民の復興の象徴に何とか残そうと、募金を募り、懸命に処置を施している。

毎日100人以上の遺体を確認しつづけた菅野秀一郎さんは、2011年8月、高田分団第3部の部長となり、「残された者で街を守るのが使命」と、亡くなった団員に言われている気がして、これからも消防団ならではの防災活動を続けると決意した。

2012年2月4日、越田冨士夫さん、後藤秀也さんら岩手県内で殉職した消防団員62人の旭日単光章の緊急叙勲が行われた。このことで、彼らが、そして残された家族や仲間が少しでも報われたらよいと思う。

●天皇陛下のお言葉に「消防団」が!?

全国の消防団員は、天皇陛下からも特にねぎらいのお言葉をいただいた。

1年後に東京都千代田区の国立劇場で催された**東日本大震災1周年追悼式のときの天皇陛下のお言葉**の中に、

「1年前の今日、思いもかけない巨大地震と津波に襲われ、ほぼ2万に及ぶ死者、行方不明者が生じました。その中には**消防団員**をはじめ、危険を顧みず、**人々の救助や防災活動に従事して命を落とした多くの人々が含まれていること**を忘れることができません」

とあったのだ。

お言葉には、護民官の中でも**特に消防団だけ**が出てきている。

私の後輩たち（警察）や、自衛隊、海保の人たちは、なぜ消防だけなの？という思いを口にした。だがそれはPRをしなかった中央官庁が悪い。もちろん、天皇陛下にはそんな差をつける意図はなかったろう。

なぜ天皇が「消防」といわれたかを消防庁筋にたずねたところ、2011年11月29日に「東日本大震災消防殉職者等全国慰霊祭」が行われたとき、両陛下には病体をおしてわざわざご列席いただき、その機会に、殉職者の勲功を三件実例をあげて上奏したそうで、そのうちの一件が先に紹介した「大槌町の越田さんと半鐘」の話だったのだ。そして

「半鐘とご遺体を町をあげて捜索いたしましたが、未だ発見にいたっておりません」

と報告したのだという。

「それが天皇のお心に深く刻まれたのでしょう」と担当官は語った。

天皇陛下はこの「火消しの心意気」の話を聞いて、いたく感激なされたらしいのだ。それが東日本大震災一周年追悼式で消防へのご嘉賞のお言葉になったということのようだ。

天皇陛下のお心を強く動かした越田さん、天晴れ。安らかにお眠りください。

【第六話】――ハイパーレスキュー冨岡隊長の功労

寡黙な勇者たちの合言葉は「必ず帰ろう!」

まさに「鬼の目に涙」。あの石原慎太郎東京都知事を泣かせた人たちがいる。

東京消防庁ハイパーレスキュー隊(消防救助機動部隊)の面々だ。彼らは、放射能の恐怖に

も臆することなく、敢然と事故発生直後の福島第一原発に向かった。

ハイパーレスキュー隊を率いるのは**冨岡豊彦総括隊長**（47）だ。

２０１１年３月17日夜、菅内閣総理大臣から石原東京都知事に対して、福島第一原発への東京消防庁ハイパーレスキュー隊派遣要請があった。石原都知事はこれを受諾。翌18日の午前３時には、東京消防庁から特殊災害対策車を含む車輌30台と隊員１３９名が、出動していった。

彼らは第一陣であり、その後も後続隊が出動していくことになる。

19日の午後２時５分、ハイパーレスキュー隊は圧倒的な放水能力を持つ消防車で、本格的な連続放水を開始した。狙いは不安定な状態が続いていた第３、４号機のうち３号機（４号機は自衛隊が担当）。この放水作業は翌20日の午前３時40分まで**約14時間も続き**、その間の**総放水量は約２４３０トン**に及んだ。

実は、こうした長時間放水を可能にするため、福島原発に到着した18日、冨岡総括隊長が率いる30名の部隊は大きな仕事をやり遂げていた。

彼らは海岸から３号機まで、約８００メートルのホースをつなぐことに成功した。ホースは50メートル分で約100キロもある。それをがれきが散乱する中を4人がかりで運ぶ。約20人が放射線量の高い車外での作業を行った。

そして、まずは19日未明に約22メートルの高さから放水できる「屈折放水塔車」で、初めての毎分3トン、約20分の放水を敢行。これによって、約60ミリシーベルトあった現場の放射線量が、一時的にはほぼ0ミリシーベルトまで下がったのである。

その代償として、いちばん多い隊員で約27ミリシーベルトの被爆した。

しかし、これは東京消防庁が定める消防活動の現場での最大被爆量の基準値である30ミリシーベルトを下回っており、ミッションとしては成功であった。

だが、たとえ基準値以下の27ミリシーベルトであれ被爆は被爆であり、それを顧みずに任務を遂行した隊員たちには、本当に頭が下がる。


彼らハイパーレスキュー隊に出動要請が下った17日には、すでに自衛隊がヘリコプターが3号機、4号機の上空から4回にわたり水を投下する冷却法を試みていた。

しかし、放射線量が多すぎてほとんど効果がなかった。

同日の夜には、警視庁機動隊が高圧放水車で地上からの放水を敢行した。防護服だけで3号機の約50メートル地点まで接近して放水するという危険極まる作戦だったが、案の定、建屋まで放水が届かず失敗した。

そもそもこれらの放水機材の選択自体が、お粗末きわまる。

これらはどちらも、私が警視庁第一警備課長の時に導入したものである。当時は烈しい学生運動のさなかで、過激派学生たちに向けて放水し、彼らを退散させるために機動隊が行った作戦だ。

だが、水の投下は、ホバリングしているヘリ自体のローターの風に吹き散らされて失敗、学生を包囲したわれわれ機動隊に催涙ガスともども降り注ぐという事態となり、成功しなかった。高圧放水車も、街頭武装行動を繰り広げていた群集たちに向けて放水するのが目的であるから、水平掃射で仰角もあまりなく、わずか12気圧である。

私は、これらの冷却作戦は全共闘世代で自らも学生運動の闘士であり、機動隊から放水を実際に浴びたか、あるいは当時の情景を覚えている菅総理や仙谷官房長官あたりの体験から出たアイディアであったと思っている。実は失敗だった当時のヘリからの放水も、元全共闘の闘士たちは覚えていたのだろう。

●ハイパーレスキュー隊、新潟中越地震での活躍

そこで、東京消防庁屈指の精鋭部隊として知られる彼らの出番となったのだ。

ハイパーレスキュー隊は、阪神淡路大震災後の1996年に発足した。大規模災害が起きた際、国内では緊急消防援助隊として、海外には国際消防救助隊という国際緊急援助隊の一部隊として派遣されることになっている。

2004年10月の中越地震の際には瓦礫の中から2歳児を救出して話題になったし、2011年2月に起きたニュージーランド地震のときも現地に派遣されている。

たとえば中越地震のときのことを思い出してもらいたい。（時事通信2004年10月の事実関係を参考）

2004年10月23日17時56分、新潟県中越地方でマグニチュード6・8の地震が発生した。川口町（現・長岡市）で最大震度7を観測する直下型地震で、死者68人、家屋の全半壊は約1万7000棟にのぼった。

山は崩れ、鉄道や道路は各地で土砂に埋まった。このとき、**緊急消防援助隊**は地震発生の約30分後には出動し、翌24日までに８８０名が現地で救助活動を行っている。突然の地震によって土砂に埋まったり、倒壊家屋に閉じ込められたり、自力で脱出できずに救出を待つ人たちのもとに駆けつけた。

災害の際の人命救助は「72時間」が大きな目安だ。土砂に埋まって、食料も水も摂取できない中で、人間が命を保てる限界が72時間（３日）といわれている。これを過ぎると、生存確率は大きく下がる。

だから初動から３日間は、彼らはフル回転で救助活動に携わるのである。

その中でも特に困難な救出作戦の遂行において、自衛隊でさえ一目置くのが**ハイパーレスキュー隊**の活躍である。

10月26日午後、新潟県警のヘリが長岡市の土砂に埋もれた国道で一台のワゴン車を発見する。ナンバープレートから、この車は家族によって捜索願が出されていた皆川貴子さん（39）と長女・真優ちゃん（3）、長男・優太ちゃん（2）が乗っているものであることがわかったが、川沿いの緩んだ地盤と大量の土砂に阻まれて、生存確認・救出はきわめて困難な状態であった。

翌27日早朝、総務省消防庁は東京消防庁に救出要請を行い、奇しくも新潟県南魚沼市出身の第八方面本部消防救助機動部隊の**清塚光夫部隊長率いる30名のハイパーレスキュー隊員**が現地に派遣され、現場状況確認などののち、午後1時23分頃より人命探査機や救助犬などを投入して救助活動が開始された。

午後2時31分、**巻田隆史隊長**らが救助のために開けた小さな穴から「誰かいる？　聞こえる？」と呼びかけた。すると、何かうめき声のようなものが聞こえたのである。すぐに、上空を旋回するヘリを遠ざける。

今度はハッキリ聞こえた。誰かいる。生きている！

「絶対出すぞ。必ず助けるんだ」。誰ともなく、声をかけ合う。

そして、土砂の除去作業に取りかかった。

●皆川優太ちゃん、奇跡の救助

車は運転席が下になり、車底と岩の間に幅50センチ、高さ1メートルほどの隙間ができていた。

そこに、幼児が一人、生きていたのだ。

優太ちゃんだった。

衰弱して、焦点が定まらない優太ちゃんに「奥に行って。来ないで。すぐ助けるから」と隊員が呼びかける。土砂の除去は慎重に行なわなければならない。生存者がいたとなれば、なおさらだ。

岩と車がつくる空間への入口付近の土砂を取り除いていく。

当時のテレビ中継で何度も流されたから、ご記憶の方もまだ多いかと思うが、そこは断崖が、地震で崩れ落ちた場所で、足場などないに等しい。転がり落ちてしまうばかりか、余震や救助機械が起こす震動で、さらなる崩壊を引き起こす危険すらあった。文字通り、命がけで幼い命を救う作業だったのである。

そして同39分、優太ちゃんを無事救出。

優太ちゃんは、白いトレーナーにおむつを履いた状態で、泣いてはいなかった。

母親の貴子さんは運転席に座った状態で、ハンドルの隙間から左手だけが見えていた。後部座席には真優ちゃんと見られる女の子の足が見えた。……生きてはいまい。隊員は直感的に思った。後に自衛隊の医官が診るのだが、やはり2人とも脈は確認できなかった。

貴子さんは優太ちゃん救出の約2時間後、車から運び出されたが死亡が確認され、真優ちゃんはそれからさらに11月7日に遺体が収容された。

余震が続き、そのたびに作業も中断するなか、車と岩とが偶然のバランスを保っているだけの隙間に入るのは、さすがに勇気が要ったにちがいないが、ハイパーレスキュー隊の慎重かつ高度な救助活動により、優太ちゃんだけは何とか助け出すことができた。

奇跡的に助け出され、**田端誠一郎隊員**、**齋藤俊巳隊員**らに続々と抱えられた優太ちゃんを見たとき、テレビの前で多くの人が感動の涙を流したに違いない。

助け出した隊員は、優太ちゃんが「ママ……」と呟いたのを聞いた。ごめん、キミのママは助けられなかったんだ。

同夜、**清塚光夫部隊長**は、現場で行なわれた記者会見で、「優太ちゃんが助かったように、まだ望みはあるので今後も救出に全力を尽くしたい」と語り、捜索に戻った。

優太ちゃんが搬送された長岡赤十字病院の金子憲三院長らによると、優太ちゃんはこれ以上、救出が遅れれば命が危ない状態だったという。

激しい地震に見舞われた27日夜以来、岩に押しつぶされた車内で懸命に生きようとした母子。余震が続く中で妻子の無事を祈り続けた皆川学さん(37)は、病院で優太ちゃんの手を握ってつかの間の喜びを噛みしめたが、貴子さんの死を知って泣き崩れた。

搬送直後の優太ちゃんは、看護師を見ては「ママ」と呟いていたそうだ。

優太ちゃんは、やがて学さんが言って聞かせるまでママの死を知らなかったし、自分を死の淵から救い上げてくれたのが誰かなど、むろん知らない。名もなき英雄たちは、幼い命を一つ救いえた喜びと二つの命を救えなかった悔しさを胸に、それ以上のことは考えていないのかもしれない。

ハイパーレスキュー隊を所管する石原東京都知事は、ずっと長いこと彼らの活躍を讃えたいという思いを持っていたらしい。その思いが、この中越地震そのほかこれまでのハイパーレスキューの活躍と、今回の東日本大震災での変わらぬ決死の行動とが重なって、ついに涙となってあふれ出すことになる。

●石原慎太郎の「鬼の目に涙」

東日本大震災でも、やはり福島第一原発に急行したハイパーレスキュー隊は、中越地震のときの**清塚部隊長**らのように、危険極まる環境の中で任務をこなした。

しかし彼らも、やはり一庶民、一家庭人である。

ある隊員は、

「妻は『頑張ってきてください』と送り出してくれました。でも、心配させるので福島原発の敷地内に入ることは、妻には言わないで出てきました」と語った。

冨岡総括隊長の家族も、福島行きには難色を示し、長男が思いとどまるように頼んできたという。それでも、冨岡氏の「福島に行くとなれば、それが自分でありたい」という固い意志を妻や娘が尊重してくれたそうだ。現場での様子についても、あるベテラン隊員が、

「不安定な3号機に接近したのは8分間くらいでしたが、放射能は目に見えませんから、やはり恐かったです。放射線量が30ミリシーベルトを超すと、バックアップしてくれている隊員が『そこは危ない』『そこは大丈夫』と声をかけてくれます。仲間のその声を信じて、作業を続けました」と、取材に対してナマの声を残している。

2011年3月19日夜、佐藤警防部長、冨岡総括隊長、高山総括隊長の3人が、東京消防庁での記者会見に臨んだ。

3人は口を揃えて、危険な任務の中での部下たちを称え、その隊員たちのご家族に心配をおかけしたお詫びを声を絞り出して語った。

むろん3人にも家族がいる。佐藤部長は派遣要請を受け、夫人に福島原発に行くとメール

を打つと、夫人から「日本の救世主になってください」と返信がきたという。高山隊長も夫人に、必ず無事に帰るとメールを打つと返信は「信じて待っています」との簡潔な一行だったことを明かした。

3番目に会見した冨岡隊長は、記者からの「いちばん大変だったことは何ですか?」と聞かれると、声を詰まらせ「隊員ですね……」と答えて涙ぐんだ。

彼らが乗ってきた30台の車のフロントガラスには「必ず帰ろう!」の合言葉が貼られていた。つまり「必ず『生きて』帰ろう!」だった。

2012年3月19日。ハイパーレスキュー隊の第一陣139名は、駆けつけた100余名の第二陣と入れ代わり、無事帰路についた。冨岡総括隊長は、帰京するまで、緊張のあまり一睡もできなかったという。

3月21日、石原東京都知事は東京都渋谷区の消防学校を訪れ、福島から戻った隊員らの労をねぎらい、放射能の恐怖と戦いながらの活動をたたえた。

緊急消防援助隊・東京都隊の**佐藤康雄総隊長**の「30隊、139名の者は、福島第一原発3号炉の燃料棒冷却作戦を遂行し、3月19日無事帰京いたしました」という報告を受け、

「皆さんの家族や奥さんにすまないと思う。本当にありがとうございました。この国の運命を決めてくださった。国民を代表してお礼を申し上げるし、これからも尊い仕事に邁進していただきたい」と涙声で述べた。

カメラの放列の前でである。「人前で泣くのは恥」と子供の頃から厳しく躾けられた私と同様昭和一桁の石原慎太郎都知事が、である。

この都知事の涙に、隊員たちはいささかならず報われた気持ちになれたろう。

もっとも、鬼はやはり鬼である。

実は、東京都が送り出した彼ら緊急消防援助隊に対して、海江田万里経産相とされる政府関係者が、「速やかにやらなければ、処分する」との恫喝をしたという。これには石原都知事、激怒して官邸に乗り込み、菅首相を一喝した。石原氏が怒るのは当たり前だ。

それにしてもなぜ、彼らの口からは「処分」という言葉しか出てこないのだろう。対して、彼らが処分とは逆の「表彰」や「顕彰」を口にした話など、ほとんど聞いたことがない。これから現場で命がけのミッションにあたろうという人たちに、失敗したら処分すると言い放つのと、成功したら表彰で報いると約束するのと、どちらが適切か。

こんな簡単なこともわからない人間では、リーダー失格の烙印を押されてしまっても仕方がない。

しかも、もしこの話が本当でそう言ったのなら、菅直人氏や海江田経済相もよほどの無知だ。法律上は、いかに日本国総理といえども、都知事を通り越して都の消防職員を勝手に処分することなどできない。

現在の消防は基本的に市町村直属であり、上部組織の都道府県も口を出せない。たしかに戦前までの消防は内務省の警察機関の一部で、〝警察消防〟とも呼ばれていた。ところが戦後、GHQにより内務省は解体され、警察組織の巨大化を嫌って消防も切り離してしまった。

ちなみに警察のほうは、一応警視庁および各道府県警が独自に活動する形になっているが、こちらは消防に比べればより警察庁（国家の行政機関）の影響力行使が認められている。

いずれにせよ、菅総理もしくは海江田大臣の発言は明らかに間違った「政治主導」であり、命がけで任務を遂行しようとする隊員たちへの許しがたい冒涜である。

官邸ではさすがに菅総理も石原都知事に謝罪し、海江田経産相も翌日、記者会見で謝罪した。

この年の10月、第1章でも述べたように、冨岡豊彦総括隊長率いる東京消防庁のハイパーレスキュー隊は、スペインで「共存共栄賞」を受賞した。
外国人のスペイン皇太子から授与されたヒーローが、日本では懲戒処分の対象となる……日本とは一体どういう国なのか。

なお、東日本大震災で派遣された緊急消防援助隊は、88日間にわたり延べ3万1166隊、10万9919人。最大時には1870部隊、6835人が派遣され、5064人の命を救ったり、大規模なコンビナート火災も含む消火活動に携わった。

第4章〔警察〕篇

黙々と自らの職務を果たす警察官たちの胸の内

警察庁

◎1万5000体の「検死」を果した検死官たち

捜索活動、72時間を超えるとつらい作業へ

警察官による遺体尊重のグリーフ・ケア

◉警戒区域内で、放射性粉じん防護服での捜索活動

ヘリによる被災者救助

〈警察庁・提供〉

【第七話】――緑の下の力持ち、管区機動隊

形容しがたい3K任務と中央官庁の無理解

既述のように、官邸は「不公平」になるとして、警察、消防、海保、自衛隊などに所属する護民官に対し、何らかの個人顕彰で報いることはしない方針だ。

この方針は警察幹部にも徹底されているようで、警察OBの私にも警察官の詳しい〝個人情報〟はなかなか入ってこない。代わりにある日、私は43都道府県の各警察本部が発行する機関誌などから、現場警察官の声を拾い上げてみることにした。民主党内閣が表彰しないなら私が表彰しようと思ったのだ。

英雄にふさわしいと思われる警察官は、本当にたくさんいた。警察OBゆえに私の思い入れが強すぎるのかもしれない。その中から、次は京都府警本部発行の機関誌『平安』3月号の別冊「絆」（内部資料）に誌されていた物語や手記を紹介しようと思う。

●最初は自弁――自費の手弁当で緊急出動した管区機動隊

警察庁は、東日本大震災後、岩手県警（約1100人）、宮城県警（約3000人）、福島県警（約3000人）とともに一丸となって活動する部隊を、全国から延べ約98万人（2012年7月25日現在）派遣した。1日あたり最大約4800人派遣され、まさに一枚岩となっての活動を行った。

こうした広域緊急援助隊として派遣される部隊は、警備部隊、刑事部隊、交通部隊の三隊によって編成される。

警備部隊の中核となったのは、関東、東北、中部など七管区警察局が指揮する管区機動隊だった（第五話「福島原発3号機」も参照）。

サミット警備や大震災警備といった大規模警備の場面では、必ずといっていいほど現地に派遣されて、縁の下の力持ち的な役割を担うのが**管区機動隊**だ。

管区機動隊の定員は全国で5500人。大切な警察力である。

その陰には、何千、何万という物語が秘められている。ここでは前述のとおり、京都府警本部の緊急援助隊の苦闘を、府警機関誌（前掲）の〈東日本大震災・特別派遣の記録〉に寄せられた、派遣隊員の手記などを参考に調査してみた。ちなみに、京都府警は約2000人が派遣されている。（2011年12月まで）

京都府警の第一次広域緊急派遣隊に東北地方出動命令が下ったのは、２０１１年3月11日午後3時過ぎだった。

間の悪いことに、3月は官公庁にとって予算の端境期《はざかいき》なのだ。当該年度分の予算はほとんど使い切って、警察庁の金庫は空っぽである。しかも追加予算も枯渇している。国家予算における「予備費」は長い間、３５００億円と決まっていた。

近年は民主党のバラ撒き財政で、震災が起きた平成22年度当初予算も約92兆円と往時の3倍近くに膨れ上がった。しかし、民主党のムダ遣いが自民党以上にひどいから、さてこういう肝心なときにお金がない。

だから、警察の広域緊急派遣隊も着の身着のまま、とりあえず「すぐ行け」みたいな話になった。旅費も、日当も、出動手当ても、食費も、当面は個人立替となってしまい、4月に新予算が執行されてから事後払い。高速道路代も行きは無料でも、帰りは「帰宅」だから公務とは認めない、一般道で帰れ、といった具合である。

もっとも、こうした冷遇にずっと耐えてきて慣れっこになっている警察官は、不平一つ言わず、自らを使命感で鼓舞しつつ出動していった。京都隊はバス型警備輸送車に揺られること16時間。車内で警備食おにぎり2個、パン1個を腹に入れ、宮城、福島、岩手三県の被災地は宿泊施設も壊滅しているから、とりあえず管区警察学校などに仮泊した。

被災地の風景は「想像を絶する惨状」だったと彼らは述懐している。

山積みになった乗用車の残骸、陸に乗り上げた街に流された漁船、電信柱は軒並み倒れ、電線はクモの巣のように垂れ下がっており、見渡す限り瓦礫、瓦礫、瓦礫、その隙間に顔を覗かせる地肌も、海水で一面のドロ沼状になっている。さしも歴戦の管区機動隊員も、生まれてこのかた見たこともない広大荒涼の災害現場だった。

隊員たちの手記には、人さまざまの表現で、この有様が綴られている。

●現場を知らぬ「コンビニで弁当を」発言

初動段階の救援活動には、まだ救いがあった。時には倒壊家屋に埋まっていた被災者を救出する喜びもあったからだ。

しかし時が経つにつれ、特に生存可能限度といわれる72時間が過ぎるころから、彼らの仕事は**遺体の捜索、輸送、検死という３Ｋ（苦しく、汚く、危険）**の任務へと変わっていった。この点は自衛隊も消防も海保もみんな同じだが、それにしても酸鼻《さんび》極まる地獄の作業となった。

横一列に並んで、海水が引いた後に泥濘と化し、積み上げられた瓦礫が進路の邪魔をする荒野を、警杖《けいじょう》やスコップを突き立てつつ遺体を探る。遺体を見つけると、輪になって集まり、人間の尊厳を傷つけないよう、場合によっては手掘りする。

出動服は泥まみれ、沁み込んだ死臭が抜けない。出動靴は濡れてズクズクになったままで乾かす暇もない。洗濯もままならず、隊食は冷たく、支給も遅れがちだ。財務省の誰かが「昼食代は個人の負担だ。いつも昼食は自前で食べているんだろう？（何か食いたければ）コンビニに行けばいい」と言ったそうだが、この見渡す限りの瓦礫と泥濘《ぬかるみ》の荒野の、いったいどこにコンビニがあるというのだ。

いちど現場を見てからモノを言え、とそれを聞いた隊員たちの怒りはいまもおさまらない。

管区機動隊は、5回も6回も、繰り返し現地に派遣された。

現地派遣の回数が増えるにつれて「なぜ我々だけ5回も行かされるのか」「あそこは地獄だ」という声も陰で起こり、結局、刑事も交通も総動員となった。

これは非常に辛い任務なのだ。

体だけではなく、心がひどく疲弊《ひへい》する。

隊員たちの間に、**PTSD（心的外傷後ストレス障害）**の徴候も出始めた。現地で医師が隊員たちに向かって「**惨事ストレスに罹っているね**」と注意する状況も表われてきた。

涙が涸れた隊員がいる。逆に、涙がこぼれて止まらなくなった隊員もいた。夜中に目を覚ますと涙で枕がびしょ濡れになっている。夜寝てからも彼は夢を見て泣いていたのだ。

狭くて暗くて寒くて、部屋中に死臭の混じった悪臭がたちこめる管区警察学校の宿舎で、綿のように疲れた体で浅い眠りをむさぼる雑魚寝の休憩室に、深夜、絶叫が響いた。跳ね起きた同僚たちが、絶叫の主に「どうした？」と聞くと、我に返った彼が答えて言った。

「今日の昼間、幼い自分の娘と同じ年ごろの少女の遺体を、瓦礫と泥濘の中から掘りあてた。いま、それが自分の娘だったという悪夢を見て、たまらずに叫び声を上げてしまったようだ」

みんなの眠りを妨げてしまった、スマン、と彼は同僚たちに頭を下げた。

京都に戻ったのち、アンケートや問診票をもとに医師がカウンセリングを行った隊員の数は、２０１１年６月末までの約３カ月半で70人にのぼったという。

●機動隊員を泣かせた「しまじろう」の絵本

京都府警・古田隊員（仮名）の手記である。

〈瓦礫を掻き分けながら遺体捜索をしていたら、泥まみれの「しまじろう」の絵本が出てきた。

つい先日1歳4ヶ月の娘にせがまれて買ってやり、それ以来、何度も何度も繰り返し読ませられているのと同じ絵本だ。

この絵本を買ってもらって、さぞかし喜んだだろう子どもの遺体は、しかし見つからない。付近には、行方不明の子どもを探して、まだ若い母親がさまよっている。

この「**しまじろう**」の子どもは、どこへ行った?

あの若い母親はああして、その子を探しているのだろうか。私の娘と同じくらいの年ごろだろうその子は、両親にはぐれ、買ってもらった「しまじろう」の本も手放して、たった一人であの世に行ったのか。さぞ怖かっただろう……。

せめて遺体を見つけて、大好きだった「しまじろう」の絵本を抱かせて、あの世へと旅立たせてあげたい。

ボクは一人じゃないんだよ。「しまじろう」が一緒だから……そんなふうに思ってみて、私はたまらなく悲しくなってきた。涙があふれて頰を伝い、汚れた出動服にしたたった。

涙をぬぐいたくても両手は泥まみれ。出動するとき「オレは決して泣かないぞ。機動隊員が女々しく涙なんか流せるか」と内心で決意してきたのに、涙は止まらなかった〉

泣け、泣け、古川隊員。そういうときは男は泣いてもいいのである。

護民官には、人の悲しみを我の悲しみとする、その「感情移入」が大切なのだ。

ハイパーレスキュー隊の活動報告を受けたとき、あの石原都知事だって泣いたではないか。恥ずかしいことなどない。その涙は、現場で過酷な救援活動を行う者たちに「コンビニへ行け」と言った財務官僚などより、人間性がはるかに上である証拠だ。

●新任巡査の死を賭した広報

もう一つ、**京都府警・高木隊員**（仮名）の手記を引用する。

高田隊員は「宮城県警岩沼署員からの伝聞」だとして、同・府警機関誌（前掲）に、以下のような一文を寄せている。

〈宮城県警の殉職者は11名、うち６名が岩沼署員だ。３月11日、岩沼署員は近くの仙台空港救援のため出動した。

津波だ。自分はパトカーを乗り捨て辛うじて生還したが、同僚たちは帰ってこなかった。必死の遺体捜索が始まる。仙台空港より１００メートル地点で、横転したパトカーの付近から一体の遺体発見。パトカーから投げ出されたような格好で倒れていたその遺体は、警察官を拝命してまだ半年もたたない新任巡査だった。

右手にマイク、左掌に……何かメモのようなものが書いてある。なんだろう?

「彼の左手の掌に残る文字をよく見ると、そこには『津波がきます。高台に避難してください』と書かれていたのです。最初はなぜこんなことが書かれているのかと、不思議に思いましたが、すぐその理由に気がつきました。

彼はパトカーの助手席に座り、片手でマイクを持ち、新任の彼は〈筆者注・言いまちがいのないようにと〉もう一方の掌に書いた誘導文言を見ながら、必死に住民に避難を呼びかけていたのです。警察学校を出たばかりの新任警察官が、津波に怯《ひる》むことなく、最後の最後まで自分の任務をやり遂げました。

私は警察官を拝命してから20年が経ちましたが、彼ほど真の警察官としての最後を全うした者を見たことがありません。彼は宮城県警の誇りです〉

何という使命感だろう。

自分は新任だから、動転して言い間違えないようにと誘導文を左掌に書いて、先輩たちに負けないよう一生懸命に避難誘導を続けたのだ。

居合わせた京都府警管区機動隊員たちは、この宮城県警の新任巡査が命を落とさずにいてくれたら、どんなに立派な警察官になっただろうと、みんなで涙に頬を濡らしたという。この若い巡査ほど、無名の英雄と呼ぶにふさわしい人間はいない、と私も思う。

手記には、彼の名前は記されていない。まさに「無名の英雄」である。

【第八話】——東海村JCO事故の回想

一人で放射線チェックを続けた指揮官

この新任巡査の話を知って、私に「生きていたら、彼のような警察官になっていたかもしれない」と思わせた人物がいる。
1999年9月30日に**茨城県東海村のウラン加工施設JCO**（ジェイ・シー・オー）において、**臨界事故**が起きた。日本で初めて事故被曝による死者を出した事故である。
JCOは住友金属鉱山の子会社で、核燃料を製造するための中間工程であるウランの加工事業を請け負っていた。
国が定めたマニュアルではなく、独自の「裏マニュアル」を使うなど、事故はJCOの杜撰な管理体制が引き起こしたものだった。刑事事件としても扱われ、後のJCOへの罰金刑に加え6人が有罪判決を受けていたのだ。

被爆して死亡したのは、至近距離で中性子を浴びた作業員3人のうち2人で、残る1人も重症だった。地域住民207人を含む、総数667人もの被爆者を出している。

事故原因をごく簡単に記せば、裏マニュアルにより安全性がきわめて低い容器に入れられたウラン溶液が臨界状態に達して核分裂連鎖反応が生じ、中性子線などの放射線が大量に放出されたことにある。この状態が午前10時30分ごろから、翌日の午前6時30分ごろまで続いた。20時間もの間ずっと、中性子線が放射され続けていたわけである。

●若い隊員に代わり放射能はオレが引き受ける!

英雄の条件とは、砲煙弾雨の戦場で陣頭に立って勇敢に部隊を指揮する勇気ばかりをいうのではない。部下のため、周辺住民のため、誰かがしなければならないことを、黙ってやり遂げる。こういう静かな勇気も人の心を打つものだ。

そんな指揮官が茨城県警にもいた。

JCO臨界事故のとき、命令を受けた茨城県警本部特別機動警ら隊の隊員約90名が現場に急行したのだが、隊を率いた**飯岡務警視**（当時55）は途方に暮れた。

中性子と言われても肉眼では見えない。

何がどうなっているのか、何が危険なのか、いっこうに見当がつかない。

交差点や街角に隊員を配置してみたものの、どういうことはない。

部下に「報告せよ」と命じると、「○○交差点、異常なし」「××商店街、異常なし」と異常なし報告ばかり入ってくる。

「何をもって異常なしというのか、報告せよ」と更に問うと、

「人々は平穏に街を歩いているし、車も自転車も平常、商店はみんな開いています」とのこと。

しかし、だからこそ危ないのだ。

隊員たちは防護服も、マスクも、ガイガー・カウンターも何も持っていない。飯岡隊長は意を決して原研（日本原子力研究所）に赴き、ガイガー・カウンターを一つ借りて配置に戻ると、隊員たちに〈数百メートル後退〉を命じてから言った。

「君らは若い。これから子どもをつくるため中性子の被害を受けるといけない。私はもうトシだし、子どもも育ったから、私がまずガイガー・カウンターで中性子の流出範囲を探り、安全距離に阻止線を張る」

そして飯岡隊長は、数十メートルごとに数値を測定し、数百メートル先で安全距離に達し

たとき、そこに交通規制線を張った。
それを見た原研所長は、堀貞行県警本部長（当時）に電話をかけてきて
「阻止線をすぐに解除してほしい。あんなことをされたら、付近住民が原発反対になる」
と言ったというから、いわゆる「**安全神話**」がいかにはびこっていたかがわかる。
この**飯岡隊長**は、原研側から白い防護服30着の提供があったときにも、「住民が何も着てい
ないのに、警察官だけ防護服を着るわけにはいかない」と謝絶して、通常の隊服のまま任務
を遂行したという。

本稿を書くにあたって、私はふと不安になり**堀貞行元県警本部長**に電話した。

「まさか、飯岡隊長、白血病になっていないだろうな」

立派な指揮官ほど〝戦死〟の公算が高いからだ。

堀元本部長は、さっそく安否を確かめ、「いま、**確かめました。放射能被害ありません**」と返
事をしてきた。

ああ、よかった。

ＪＣＯ事故のときにもこういう知られざるヒーローがいたのだ。

【第九話】――検死官の「おくりびと」の思いやり

無数の死者と遺族のはざまで苦悩し続けた検死官群像――グリーフ・ケアと整体

現地派遣の警備部隊、交通部隊の苦労は並大抵ではない。

被災地では犯罪も増えた。

たとえば震災直後は被災して無人となった銀行や信用金庫、コンビニに設置されたＡＴＭが荒らされたり、津波によって各家庭から流されてしまった５７００もの金庫を狙う者が現れたり、ガソリン窃盗なども発生した。震災から６日間で、宮城県では１４６件の窃盗事件が発生し、４８５万円の被害額となった。

とくに、現金自動預払機（ＡＴＭ）を狙った窃盗は、6月末日までに岩手、宮城、福島3県で56件（うち未遂7件）、被害総額は約6億６４４０万円にのぼり、その8割は、福島原発から20キロ圏内で発生したという。

また、長期的にも住民の強制立ち退きが行なわれた福島県の双葉警察署管内の**空き巣件数**は、原発事故発生から約1年で**６１０件と前年比34倍**に増加したし、**救援金名目の詐欺事件**も多発（被害額1億１５８０万円）、また、復旧・復興関連事業への暴力団の介入もみられるなど、どうしても治安情勢の悪化は避けられなかった。

だが、刑事犯罪はこうして数字でも表せるし、犯人を逮捕すれば世間に知ってもらえる。

いちばん苦しい思いをしたのは、**刑事部隊の「検死班」**だったかもしれない。**検死・身元確認**の仕事は大変な困難で、かつ精神的につらい仕事にも関わらず、その苦労はほとんど世に知られることがない。それは一に、全国から派遣されたのべ1500人の検死官たちが沈黙を守っているからだ。

だが、部外秘の機関誌などには、検死官やその補佐官たちの手記が掲載されており、この難しい仕事の実態がかなり赤裸々に書かれている。

彼らにとって、特に辛いのは「**遺族対応**」だという。

変わり果てた息子の遺体――身分証や所持品から本人に間違いないのだが――「違う。これは私の息子ではない」と、それをどうしても認めない父親。

あまりの悲しみと、やり場のない怒りに心が乱れて、検死官の腕を掴んで激しく揺すぶりながら「私の夫を返してください！」と繰り返し叫び、号泣するまだ若い妻。

肩を落とし「死ぬときに、妻は苦しんだでしょうか?」と聞く夫。

しばらく検死を待ってくれと頼み、孫のベッドにすがって10分ほど嗚咽した後で、おもむろに立ち上がって検死官を見詰め、キッパリと「では、どうぞ。始めてください」と言った古武士のようだった老人。

母の遺体を前に、抱き合って泣き崩れる姉妹……。

手記の中には、さまざまの悲惨な光景が散りばめられ、読む者の涙を誘う。

京都府警では、被災地で検死などにかかわる刑事部鑑識係の警察官たちが、全員が心を一つにして任務に邁進することを誓い合っていた。そして、

- **死者の名誉と尊厳を守ること。**
- **ご遺体（彼らは必ず「ご遺体」とよんだ）の泥を洗い落とし、綺麗にすること。**
- **一刻も早く身元を確認し、遺族にお返しすること。**
- **常に遺族の心と体に寄り添っていてあげること。**

を遵守した。

実は彼らは東日本大震災の2ヶ月前から、阪神・淡路大震災の教訓を踏まえての「遺族対応班」を編成し、「**グリーフ・ケア（哀しみの慰め）のロール・プレイ**」の訓練を行っていた。

それは、**日航機御巣鷹山墜落事故**のときに日本赤十字社が始めたとされる「整体」の研修で、2011年1月27日、**神戸赤十字病院の村上典子心療内科部長**を講師に招いて実施していたのである。

具体的には、検死関係の府警幹部30人がダンボールや新聞紙、シーツなどを利用して、各部分部分までを大切にしつつ〝ご遺体〟をつくり、尊厳をもって納棺し、遺族に引き渡す（これを「**整体**」と呼ぶ）までを厳粛な気持ちで行う、情のこまやかな日本でこそ、という遺族対応のロール・プレイだった。

たとえば、片手しか残っていない場合、DNA鑑定で身元を確認した遺体はそれ相応の小さなお棺にいれるわけにはいかないのだ。あたかも頭も胴体もあるように〝ご遺体〟として全身が入る大きさのお棺におさめ、「おくりびと」の役割を警察が果たすのだ。

私も半世紀前、目黒警察署に卒配（卒業後最初の任地）で勤務したとき、河村文男刑事（後、都民の警察官として表彰）が電車飛び込み自殺でバラバラになった遺体を検死をすませてから徹夜でていねいに縫い合わせ、白布でくるんで遺族に引き渡したことを知っている。

●1万5000体検死の壮絶なる苦闘

しかしながら、いちばん大変なのは、やはり身元確認の**検死**そのものだ。

２０１２年６月27日現在、収容された遺体の数は**１万５７９８体**。死因は**溺死が全体の90％以上**、身元確認できた**遺体が１万５５０３体（98％）**となっている。いまだ**２９５体**が身元確認されず、自治体によって火葬され、遺骨は観音堂に無縁仏として保管されている。

被災した東北三県で**遺体捜索に関わった警察官は延べ55万２７００名に達した**（２０１２年２月19日現在）。

ここで問題は、警察だけでなく自衛隊、消防が収容してきた、この約１万６０００体近い遺体の検死だ。それは警察の刑事部鑑識課の検死（法律上は検視）班の任務であると、刑事訴訟法に定められている。（本当は検察官。実際は「司法警察官」である。検死がすまないと火葬も埋葬も法律上許されない）

被災地での検死作業は、すべて彼らの双肩にかかっていたのである。

阪神・淡路大震災のときの遺体の数が**６４３４体**だったから、今度はその２・５倍であり、ほとんどが身元不明の溺死体。日にちが経てば経つほど腐敗が進み、身元確認は困難になる。それだけ遺族たちの悲しみは深まり、苛立ちはつのるに違いない。

ＤＮＡの照合をしようにも、比較照合する生前の毛髪、唾液などがない。

歯科医のカルテも大切なのだが、ボランティアや日本医師会、赤十字から派遣される検死医も数に限りがある。警察病院も自衛隊病院も、歯科医官はほとんど根こそぎ動員されて現地派遣されたが、それでも人手は足りない。専門の検死官、同補佐ばかりか鑑識課員、さらには捜査一課の刑事まで交代で派遣された。

●死者たちの尊厳と名誉を守った検死官たち

手もとにある京都府警の検死チームの派遣データをみてみよう。

・派遣期間　3月12日（第一波）から8月16日（第二一波）までの約5ヶ月間。

・派遣先　気仙沼市　4回
　　　　　石巻市　　7回

・派遣要員　延べ123人

京都府警刑事部長　古川裕也警視正

同　調査官（検死官）　　江河和彦警視
同　検死官（警部）　　7名
同　補助員（警部補以下）　１１１名

驚いたことに、この本を書くにあたって調査したところ警部検視官7名以下全員が「匿名希望」とある。

縁の下の力持ちでありたいとのことだ。古川刑事部長と江河調査官はマスコミにすでに名前が出ているので所属階級氏名の公表に同意してくれた。私には官・姓名がわかっている人もいるが、本人たちの謙虚さを尊重して「無名の英雄たち」のままのせることにした。これらの検死官たちが、約1万6０００人の死者たちの尊厳、名誉、プライバシーを守った男たちである。

無名であることを望んだ彼らの手記は、悲しく、苦渋に満ちている。

H検死官チームは、3月24日から4月2日まで10日間、宮城県石巻市に派遣された。

1個班11名編成の1個班。9名1組で検死にあたり、2名は遺族対応にあたった。宮城県下には12ヵ所の遺体安置所があり、1ヶ所あたり通常５００～６００体を安置してあった。ところが、H班が回った**旧石巻青果花き卸売市場に行ってみると、そこには1000体**もの遺体が並んでいた。それを初めて目撃した検死官の一人はその時の感想を次のひと言で表している。

（前掲・機関誌）

〈**「背筋が凍る思いがしました」**（H検死官）〉

検死台は長机を2台並べてシーツを敷いただけ、停電しているため暗い発電機の燈の下で検死が始まった。ほとんどの遺体が津波に流され、地上を転がされて顔や性別さえわからなくなっている黒い泥濘の塊だ。火災で焼け焦げた遺体もある。死臭とヘドロの臭いが鼻をつき、とても遺族に見せられる状態ではない。一体一体を丁寧に不足がちの水で洗い清める。それは「なるべく綺麗な姿で遺族に引き渡す」ためだ。H班の心は一つになっていた。

1000体の遺体はほとんどが身元不明だった。それを遺体の検案、DNA資料の足爪、衣類、所持品等を丹念に調べていき、身元の特定を急いだ。平時には一体に1時間くらいかけるのだが、1000体の遺体ではせいぜい一体15～20分しか時間をかけられない。お棺もとうてい足りず、パウチ（死体袋）やシーツ、毛布にくるまれ、ブルーシートの上に並べられている遺体に詫びながらの不眠不休、文字通り寝食を忘れた悲しく、辛い任務だった。

これは京都府警刑事部隊だけの話ではない。

自衛隊医官、官民の警察医、歯科医、海保、そして赤十字や公立・私立病院、民間ボランティア医師などなど、百千の検死医みんなが被災地で経験してきたことである。死者たちの、人間としての尊厳、名誉、プライバシーを守って固く口を閉ざす彼らが、軽々に沈黙を破ることは今後も決してないと思われる。

これら「物言わぬ群像」「名もなき縁の下の力持ち」であることを望んだ検死官たちに、私は心からの敬意を表したい。

●山田啓二京都府知事の壮挙

改めて警察の派遣隊員たちの感想文を読み返すと、彼らは特定の所属部隊や隊員個人の表彰は行なわないという官邸の方針を、どうやら知っていたフシがある。

彼らが書いた感想文の表現や行間から、少し拗ねたような気配が漂っている感じもするのだ。このような上層部の**無機質**な対応に対する、現場の者たちの鋭い本能的反発には、恐るべきものがあるのである。こんな当然のことに、なぜ上層部は気付けないのか。

危機管理の現場に向かう自衛隊、警察、消防、海上保安庁の士気を損ねる、はなはだ拙いリーダーたちの不心得なのだが、見る人は見ていてくれた。

表彰は諦めていた隊員たちの間に「**山田啓二京都府知事が『では私が感謝状を出そう』**と言い出し、派遣された府警の警察職員全員に賞状が出ることになった」という情報が流れたのである。ある隊員の感想文に、こんな下りがある。

〈**表彰はなくてもいい。しかし表彰してくれれば、それはいいことだ。**〉

ちょっと斜めに屈折したような心境が窺がえる。

京都府警察本部の定員は７０００名。このうち実際に被災地に派遣された警察官らの人数は、**実数で９５０名と実に１３・７％にのぼる。**

山田府知事は、幾度にもわけながら、この全員に一人ひとり、感謝状を手渡したという。官邸まで悪平等の思想に毒されている今日、山田府知事の９５０人に対する個人表彰は、まさに壮挙という賛辞に値する。この知事表彰状は、人には知られざる名もなき派遣隊員たちにとって護民官としての証となり、勲章として大切な宝物になることだろう。

山田啓二京都府知事。よくぞ、やってくださった。ありがとうございました。

みんなに代わって、心よりお礼を申し上げます。

第５章〔海上保安庁〕篇

海洋国家・日本の海を守る
海上保安官たちの活躍

海上保安庁

◉津波に向かい、漁船30隻を救助した巡視艇「はつかぜ」

「はつかぜ」鈴木船長（太田明広撮影）〈サンケイ新聞2012年3月15日・右〉

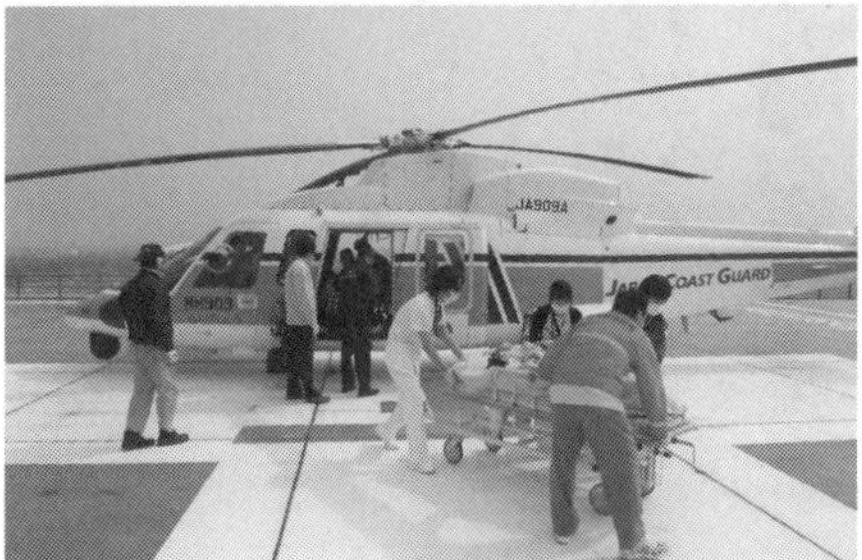

空からも人命救助し、また、海にも潜る海保の休みなき活動

座礁した海王丸（航海練習船）を救う
——奇跡の救助

◉「海猿たち」の決死の活躍

海中で沈んでいる車や家屋を捜索する潜水士ら（上・中・下）

〈海上保安庁・提供〉

●東北三県に駆けつけた「海の警察官」たち

海上保安庁（以下、海保）は陸海空の3自衛隊とは違い、位置付けとしては国土交通省の外局である。一般国民の多くは海保も海自（海上自衛隊）もはっきりとは区別がつかないと思うが、まあ、それでも通常はあまり困ることもないだろう。

念のため記せば、海上保安庁法には第25条に軍事否定の条文があり、一方で海上における警察権を持っているところが海自との大きな違いで、海保は「海の警察」と呼ばれたりしている。

もっとも、有事には海保を防衛大臣の統制下に置くことができると自衛隊法第80条に定められているのだが、こういったことは本書ではあえて詳しくは触れない。

海保の主な任務は「**海上の安全及び治安の確保**」（海上保安庁法第2条）である。

もちろん、東日本大震災のときには海保の巡視船艇や航空機が東北三県をめざして、全国の管区からいっせいに出動した。

動員した延べ勢力は**2012年6月26日現在で巡視船艇1万5934隻（1日当たり最大54**

隻）、**航空機４９５６機（同19機）**、**特殊救難隊等が２４９２名**となっている。そのほか**潜水士等も５９６１名**（２０１２年３月11日現在）派遣し、現在もなお潜水捜索活動などを継続中だ。

そんな中から、まず岩手県宮古市（東日本大震災では５２７人の犠牲者を出した）の海上保安署から、一人の海上保安官を紹介してみることにする。

海上保安庁宮古署の**巡視船「はつかぜ」船長・鈴木伴典さん**（51）である。

【第十話】――沖に導き漁船30隻救助の奇跡

大津波の来襲を予測していた海の警察官

（海上保安新聞２０１１年８月11日付・産経新聞２０１２年３月15日付の事実関係を参考）

２０１１年３月11日、あの巨大地震発生時、鈴木伴典船長は、すぐに乗っていた官用車を路肩に止めたが、これはとても尋常な揺れ方ではない。とっさに「すぐに津波が来る」と確信し、近くの海面と遠くの波の状況を見ながら、車を捨てて保安署まで走って駆けつけた。

ビル３階の保安署まで駆け上がると「船を出す」と署員に告げる。

そして携帯電話のストラップを首にかけ、階段を駆け下りると船に向かった。船では、それまで捜査書類などをチェックしていた**神山章敏機関長**（53）が、早くもエンジンをかけ出港準備を整えていた。

この阿吽《あうん》の呼吸にも、わけがあった。大震災2日前の3月9日、宮城県北部でM．7・3、最大震度5弱の地震が起きていて、宮古でも震度4、そして30センチの津波が観測されていた。前年のチリ大地震の際には三陸地方を1メートルを超える津波が押し寄せて各地に被害を出しており、鈴木船長も塩釜で遊漁船の救助作業を行っていた。

そのため鈴木船長は、近いうちに大津波が来るかも知れないと直感して（ご本人は「動物的勘」と表現されていた）、もしものときには「はつかぜ」がいつでも出航できるよう、エンジンを毎朝暖めておくことを神山機関長に指示していたという。

鈴木船長が見るところ、すでに海面には緩やかな渦が生じていたが、出航は可能だと判断した。ともに出航したのは、鈴木船長、神山機関長、ほか航海士補と機関士で計4名。地震発生からわずか10分であった。鈴木船長はそのとき「船を出したらこっちのもの！」と勇躍したというから、さすがに鍛え上げた海の男はちがう。

港から様子を見ていた漁師には「バカヤロー、早く逃げろ。死にたいのか！」と叫び、押しよせる波や海底まで見える渦のそばをくぐり抜けながら、漁船の避難誘導を繰り返した。鈴木船長は「乗組員と船の安全を考慮しつつ、できうる限りの行動を取り、巨大津波に立ち向かえたと思います」と振り返る。

沖合には30隻ほどの漁船が集まり、奇跡的に犠牲者は出なかった。県内の漁船約1万４３００隻がほぼ壊滅的な被害を受けた中で、この港の約30隻が無事だったというのはすごいことだ。

「漁船が無事ならよかったじゃないか」と普通の人はいう。だが、それは違うのだ。「何もなかった」のと「何もないようにした」のとは天と地ほどの差がある。鈴木船長の危機予測の正しさ、つまり「バカヤロー」と怒鳴って早めに避難させたからそれらの漁船は無事だったのだ。

もし沖に向かって逃げるのが遅かったら、漁船は陸に打ち上げられ、建物に突っこんだり交差点で横転して交通の妨げになったり、そして何より宮古の漁業に与えた影響はより大きなものになってしまっていただろう。

「危機管理」とは「被害局限」だと前にも述べたが、「マイナスを小さくしたことはプラスとみなす」という価値観が大切なのである。日露戦争の二〇三高地攻略戦で肉弾突撃を繰り返して厖大な戦死者を出した乃木希典大将の方が、攻城に成功した児玉源太郎大将より評価されるのが日本の危機管理なのだ。

それにしても……と神山機関長は言う。

「船長が『エンジンを暖めておけ』と言ったことは、あれまで一度もなかった」

鈴木船長の言によれば「胸騒ぎというか、何か落ち着かなかった」のだそうだ。理屈ではない。**経験豊富な危機管理官の直感は、素直に信じたほうがいい。**

●「銘《めん》ん銘《めし》凌《の》ぎ」と「てんでんこ」

だが、鈴木船長は今回はたまたま条件が揃ってうまくいっただけだと語り、あくまで海保の船乗りの教訓は「**命てんでんこ**」（個々の判断で自分の命を守れ）だという。

「津波が予想された場合などには、乗組員は本能的に船に集まろうとする」（鈴木船長）のだそうで、確かに同じ船に乗っていれば、運命共同体みたいなものだから乗組員たちの結束も固いのだが、本来は自分の命はしっかり自分で守らなくてはならないというのが大原則だそうだ。

戦国時代の戦場での号令に「**銘《めん》ん銘《めし》凌《の》ぎ**」というのがある。合戦は通常遠矢鉄炮三段撃ち、など飛び道具で始まり、騎馬隊の襲撃、槍襖と組織的戦闘が行われる。それが乱戦となると「銘ん銘凌ぎ」と号令がかかり、それこそ一対一の白兵戦となる。

東日本大震災はまさに公助なき互助、自助の「**銘ん銘凌ぎ**」の戦さだったのだ。

同様に、三陸地方に伝わる津波避難のコツも「**てんでんこ**」。非常時にはみな自分一人で生き残れということだ。

海上に出た「**はつかぜ**」は、宮古港が大被害にあって帰港できず、緊急出動から３日間、通信手段も燃料、糧食も乏しい中で、海上生活を余儀なくされた。

「途中、他の管区から駆けつけてくれた巡視船から水、おにぎりを分けて頂きました。この時、私はボロボロと、涙を流しました。このとき、救助される側の気持ちがわかりました」（鈴木船長）

平時にはほとんど意識されないが、危機に陥ったとき、困った立場に立たされて窮してしまったとき、本当に頼れる存在が誰かがわかる。

つい最近まで、日本人は「水と安全はタダ」だと思っていた。

自由で豊かで平和な時代が続き、国民が安全・安心な生活を謳歌できることは喜ばしい。しかし、その安心・安全は、警察・消防・自衛隊などの護民官によって守られてきたことを、果たして意識してきただろうか。

先述したように、「何もなかった」のと「何もないようにした」のでは、全く違う。また、大事故・大災害などの危機管理の最前線にはいつも彼ら護民官たちがいて、命がけで「被害局限」のために働いていたのだ。

今回の大震災では、被災地のみならず全国民が彼らの活躍を本当に強く知ることになり、心からの感謝と敬意の念を抱いた。

一方、大きな事件・事故は、えてして危機管理に不向きな内閣の時に起こる。怒鳴り散らして人の意見を聞かない総理と指揮権を集約しない政府、復旧・復興のための特別立法も成立させることができず、補正予算もなかなか通らない国会。そんな混乱のさなか、目の前の命を一つでも多く救うため、そして日本全体を放射能の危機から救うために命がけで任務を遂行する現場の彼らの姿は、政権をになう民主党幹部の目にどう映ったのだろうか。

「自衛隊は暴力装置」発言をいまだに自衛隊に謝らない仙谷由人元官房長官、「速やかにやらないと処分する」とハイパーレスキュー隊を脅した海江田万里経産相、そして「原子力のことは一番自分が知っている」と言った菅直人前総理、地元岩手に行くどころか放射能から逃げていたとも言われる小沢一郎元代表などなど、少なくともあのとき被災地が、そして全国民が必要とし、それに応えたのは、これら非情で無能な政治家たちではなかった。

●遺体捜索はいまも続く

宮古港での緊急出動から約1年半が過ぎた。

鈴木船長はいま、自宅に妻子を残し単身赴任で宮古署に勤務し、業務に励んでいる。１ヶ月に10日間は海の上で夜を明かすそうだ。巡視艇「**はつかぜ**」は、通常60トンほどの漁船よりも小回りの利く26トンで、ふだんの主な任務はアワビやウニの**密猟の取り締まり**だ。

つまり、漁師にとって鈴木船長は、時に煙たい存在でもある。

陸の警察もそうだが、海の警察も、一般庶民にとって平時には煙たい存在、できれば関わりたくない存在なのは、これはもう仕方ない。しかし、いまでは鈴木船長と漁師たちの関係が、少し変わってきたようなのだ。

直接「船長さんにあのとき命を助けられた」と言ってきた漁師もいる。

失うものは大きかったが、それでもこれからも地元に寄り添って、漁師たちと一緒に歩むのが、自分たちの仕事なのだと、鈴木船長は感じたらしい。

そして「**はつかぜ**」はいまも、通常業務のほかに、昼間にはソナーを駆使して、海に沈んだままの遺体の捜索を続けている。

他方、海保には、映画『海猿《うみざる》』で有名になった潜水士たちがいて、彼らもまだ遺体の捜索を諦めてはいない。東日本大震災から今日まで、東北に彼らが潜らないですませた海域はないと言われているほどであるが、まだ3000近い遺体が沈んだままとみられる被災した沿岸地域は地形的に水深が深く、なかなか報われない作業なのが口惜しい。

【第十一話】――「海猿」たちのネバーギブアップ

「すべて見つかるまで潜る」――執念の海猿たち

雑誌『SAPIO』(2012・4・4号・小学館)に、ベテラン潜水士・**藤田伸樹3等海上保安正**(37)と、新任潜水士・**菅原久克2等海上保安士**(25)が取り上げられていた。(以下、同誌の事実関係を参考にしながら彼らの活躍を紹介する)

2012年3月5日現在で、海保の捜索によって収容された遺体は**395体**、うち**52名は潜水士たちが発見**した。潜水士たちは、震災からの1年は「ずっと海の中にいた」という。

藤田3等保安正と**菅原2等保安士**は**救難強化型巡視船「くりこま」**の乗組員である。「**くりこま**」はPL型といわれる700トンの巡視船で、ヘリ甲板がある。そして、一般巡視船が対応困難な特殊海難事故に対応するための特殊機材とともに、7人の潜水士たちが乗り組む。その潜水班長が、**潜水歴17年の藤田3等保安正**だ。対して、震災発生時の**菅原2等保安**

士は潜水士を拝命したばかりだった。

震災発生時、「**くりこま**」は津波に襲われ、係留されていた塩釜港の岸壁から松島湾に流されて座礁してしまった。破損がひどく、しばらくの間は航行不能。７人の潜水士たちは、ほかの巡視船や陸上の保安部に拠点を移して、連日の行方不明者捜索にあたることになった。

●新任潜水士の驚き——何と海の中に町があった！

宮城県登米市出身の**菅原２等保安士**は、自身も自宅半壊の被災者だ。

彼は、気仙沼湾の捜索に向かうヘリから見た、地元・宮城の景色が忘れられない。

「上空から見ると、知っている町がすべてなくなっている。やはりショックでした。『自分にできることは潜水捜索しかない』と自らに言い聞かせ、やるべきことに集中しました。しかし、いざ海の中に潜ると、さらに異様な世界が広がっていました。**海の中に家がある、町がそのままあるんです**。訓練とは違って、海中にありとあらゆるものが漂っている。場所によっては視界が悪く、腕時計見るのもやっとという状況で捜索しました」

気持ちは焦るが、行方不明者はなかなか見つからない。

ただ、それは菅原2等保安士だけではない。ベテランの藤田3等保安正も同様なのだ。今回のような予想をはるかに超えた大津波の直後で、ありとあらゆるものが流され、漂う海の中では、行方不明者の捜索などは非常に困難だった。

しかし、彼らはそれでも諦めなかった。

「人命救助という観点からは、3日（72時間）を全力で捜索することになります。その間は興奮と緊張を使い分けて、部下にはアメとムチを使い分けて怪我をさせないように作業を進める。しかし、今回は一体発見できたとしても、それがゴールじゃない。そこが難しかったし、辛かった」（藤田3等保安正）

実際に、彼らの遺体捜索はあの日から毎日、1年以上も続いている。

「海保の捜索は、陸《おか》の警察とは異なる部分があります。

たとえば陸での事故と違って、海難事故で漂流している漁船だけが見つかり、乗り組んでいた『爺ちゃん』がいないとなっても、保険の認定というのは下りないんです。時間をかけて死亡認定が取れたとしても、その認定が下りるまで保険の掛金を払い続けることとなる。

どう見ても『海に落ちて死んだ』という状況であっても、しっかりと遺体を見つけて家族

のもとに帰してあげることで、残された家族を助けることができる。これも『人命救助』だという想いがあります」(同)

だから行方不明者は、何としてでも捜す。捜して、愛していた家族のもとに届ける。それが死者のためであり、死者が愛した家族の今後のためでもあるのだ。

まさに「海の警察」である。

●1年で200回潜る潜水士魂

藤田3等保安正は、行方不明者の捜索に、あくまでこだわった。

部下たちもまた、それに1年余の間、よくついてきてくれた。

過酷な現場が続いたが、彼ら「**くりこま**」潜水班は次々と遺体を発見し、収容していった。

その陰には執念とも言うべき潜水士魂があった。

「休日には**七ヶ浜**、**牡鹿半島**、**唐桑半島**、**南三陸**、**気仙沼**と、炊き出しの手伝いなどボランティアで回りました。ボランティア活動をしたのは、各地で知り合いの安否を確かめたかったのと、派遣されて来ている『同業者』に会って海域の情報収集ができないかという思いがあったか

らだ」（藤田3等保安正）

捜索に向かっても、予定海域が濁っていたら無駄足になってしまうため、被害が大きかった地域を中心に自家用車で回り、「仲間から情報を集め、海水の状態を見て、どのような捜索手法が有効なのか、下調べをしていた」のだという。

藤田3等保安正の実地偵察は功を奏した。

「藤田班長に『ここ、潜るぞ』と言われて、潜ると確かに行方不明者が見つかるんです」（菅原2等保安士）

最終的に「**くりこま**」潜水班は、50名以上の行方不明者を発見し、遺体を収容したのだった。

海保では、たとえば「**著しく損壊した遺体の取り扱いで1日に1000円**」「**深度20メートルの潜水で340円**」といった手当が支給されているが、

「いままでも充分給料をもらっているし、手当はいらない。ただ潜っていたい」

と2人の潜水士は声を揃える。

9・11アメリカ同時多発テロでのレスキュー隊の活躍を見て、自分も「人命救助をしたい」と思い立ち、海上保安庁に入った菅原2等保安士は、通常は年間30回程度とされる潜水を、この1年間でチームとして200回近く行い、いまやもう〝新米〟は卒業だ。

彼の潜水士への憬れは誇りに変わり、そして今度は「海猿」特殊救難隊を志願している。海猿の中でも一定の経験を積んだのち厳しい試験を受け、さらに厳しい訓練を積んだ者だけがなれる最難関であり、人命救助のエキスパートである。

【第十二話】――嵐の海との格闘

救命ヘリの活躍――回想、海王丸

東日本大震災の際、遭難し、漂流した漁船や貨物船などの乗組員をヘリコプター等で救出する作業が行われた。

海上保安庁が**ヘリで吊り上げ救助を行った人数は２７９名**に上のぼり、これは海保が一年間で救助した**総数３６０名のうちの78％**を占めた。

３月11日の津波により石巻港内で座礁した建造中の貨物船「**トリパン**」「**サンダージョイ**」には、合わせて１１２名が乗船していた。

羽田航空基地と関西空港海上保安基地所属のヘリ２機が現場へ急行したが、吹雪と日没、辺り一帯の停電（貨物船は建造中のため電源なし）という悪条件により、当日の救助は見合わされたが、翌12日早朝から両船から**102名の乗員を吊り上げ救助**した（残る10名は海上自衛隊が救助）。

また、福島県相馬港で座礁した貨物船「**シラミズ**」と「**パインウェーブ**」にも**それぞれ23名の乗組員**が乗船していたが、巡視船「**はやと**」や「**しきしま**」搭載のヘリと中部空港海上保安基地所属のヘリが救助、海上にいる「**はやと**」「**せっつ**」に全員を無事搬送している。

このような救助活動から思い出されるのが、海難救助の実例としていまも語り継がれている「海王丸」の事故である。（以下、「海と安全」2005年夏号などの事実関係を参考）

海王丸（2556トン）は**独立行政法人・航海訓練所の練習船**である。美しい姿の帆船で、横浜みなとみらい21地区の日本丸メモリアルパークに展示されている日本丸（初代）とは姉妹船だ。いま航行しているのは海王丸も日本丸も二代目で、それぞれ「海の貴婦人」「太平洋の白鳥」と呼ばれている。

2004年10月20日、高知県に**大型台風23号**が上陸した。

のち大阪府から再上陸すると、日本列島上を近畿、中部、関東と縦断し、各地で暴風、高波、大雨を引き起こし、**死者95名・行方不明者3名**、家屋の全半壊８６８５棟、床上・床下浸水５万５４５５棟という多大な被害をもたらした。

京都府舞鶴市で国道が冠水し、立ち往生した観光バスの上で37人が救助を待っていた、あの光景が記憶に残っている読者も多いかも知れない。

その台風23号が猛威を振るう中での決死の救助作業だった。

この日の午後10時47分頃、伏木富山港で、**「海王丸」**（乗組員・実習生１６７名）の座礁という海難事故が発生した。同船は伏木富山港沖で錨泊して台風を避けようとしていたところ、折からの強風によって走錨し、防波堤付近に座礁してセカンドデッキまで浸水したのである。

海王丸からの「１１８番」（救助要請）を受けた海上保安庁および管轄の第９管区海上保安本部では午後11時15分「台風23号に伴う伏木富山港集団海難対策本部」を設置する。

巡視船艇９隻、航空機８機、特殊救難隊、機動救難士や機動防除隊ら、海難救助のプロたちに出動司令を発した。

とはいえ台風、大時化《しけ》のさなかだ。各港や航空基地から現場に向かうこと自体が不可能で、各隊員はすぐには現場に向かえなかった。

巡視艇**「くろべ」（江口藤昭船長）**は21日0時50分に金沢港を出港したものの引き返し、官用車とレンタカー4台に乗組員20人と機材を分乗させて陸路富山に向かった。

新潟航空基地所属の2機のヘリは、午前2時半過ぎに離陸したものの、風速約40ノットの中での飛行は、ベテランパイロット・**森公博機長**ですら「乱気流で平衡感覚がおかしくなりそうだった」という。

●語り継がれる「海王丸座礁事件」――奇跡的な全員救助劇

それでも、夜明けとともに、救助活動は始まった。

7時45分、富山の天候回復を待って硫黄島から出発した第5特救隊が到着し、**小倉章史隊長、佐々木千寿副隊長、山口正樹隊員**の3名が、森機長操縦のヘリに乗り込む。

こうして現場に到着したヘリは、8時30分、台風の余波による大時化の中、5メートルを超える大波をかぶって海水に洗われている海王丸の甲板上に、必死で身体を確保している乗組員3名を視認した。

特殊救難隊員は、直ちにこの乗組員の救助を行う必要があると判断し、前部マストの見張り台へ降下。ところが、高さ約40メートルにおよぶ海王丸のマストや、甲板上全域に張り巡らされた帆布用のロープなど、救助作業を妨げる障害物が極めて多く、降下スペースがほとんどない帆船上への進行は困難を極めた。

森機長はこのとき、「特救隊員を降下させる適当なスペースも確保できず、そんなところに3回も降下可能なのだろうか。そして救助者は吊り上げ途中に落ちはしないか、2次災害が起きれば自分の責任では済まない」と大きな重圧を感じていた。

しかし、森機長の慎重で正確な操縦と、小倉隊長らと特救隊員の卓越した効果技術を持って、9時すぎ、甲板上にいた3名のうち2名の吊り上げによる救助に成功した。

このとき、海王丸に降下した第5特救隊の小倉隊長は「3人のうち1人は腕の骨折があり、移動は困難。よって2人の吊り上げを行う」とすぐさま決断したという。

一方、6時30分頃、現場近くの岩瀬漁港に到着していた「くろべ」の乗組員・潜水士たちは、陸からヘリ救助を見て士気をあげていた。

特殊救難隊員は、船内の一室に集まり救助を待っていた乗組員等を励まし続け、天候の回復を待った。

そして天候がやや回復し、座礁現場付近の防波堤に接近することが可能になった午前10時、特救隊員、消防レスキュー隊員とともに、いよいよ陸上からの救助が始まった。海王丸上の特殊救難隊と協力して船体と防波堤との間にロープを渡し、甲板にいた残りの1人を救助。ブリーチェスブイ（簡易ゴンドラ）を設置して、まずはスポーツドリンクを運び入れ、正午頃より船内乗組員等の救助を開始したのだ。

緊急を要した甲板上の3人の救出作戦開始から3時間ほど経過していた。

その後は天候も回復に向かい始め、ブリーチェスブイと巡視船およびタグボートを海王丸に接舷させてのゴムボートによる救出作業が順調に流れ始めた。

ゴムボートの救出では、**佐藤正美潜水士**が「最後まで気を抜かず、足元に気をつけて！」厳しく声をかけた。

午後3時21分、海王丸の乗組員・実習生167名全員を無事救出。18人が足を骨折するなど重軽傷を負っていたが、命に別状はなかった。出動司令から15時間余におよぶ、海上保安官たちの冷静かつ的確な救助作業の賜物だった。

吊り上げ救助に成功した第5特救隊の**小倉章史隊長**、**佐々木千寿副隊長**、**山口正樹隊員**そして、それを支えた森公博機長の勇気、さらには陸上からブリーチェスブイを行った江口藤昭船長以下「くろべ」乗組員など、全員が全神経を集中したチームワークの中で成功したのだ。

●海保が北朝鮮工作船を圧倒した初銃撃戦

このほか、海の警察・海上保安庁には、領海警備、外国武装工作船の取り締まり、海賊取り締まりなどの国家的な重大任務がある。

その実例の一つが、奄美大島沖の「海戦」である。

２００３年5月31日。この日、東京・お台場にある船の科学館で、奄美大島沖から引き上げた北朝鮮の工作船が一般公開された。

北朝鮮の工作船は、海からやってきて何人もの日本人を拉致していった。覚醒剤や麻薬の密輸や不法出入国などへの関与の可能性もきわめて濃厚で、日本国民の安全を脅かし、著しく治安を乱している。それに対し、海上保安官が毅然として立ち向かった証が、ここに公開された工作船なのである。

実際に見た工作船は、かねてから私が予想していたとおりの武装船であり、拉致などの工作活動のために日本に上陸する小船も積み込んでいた。さらに言えば、人間が乗るということについての配慮にはまったく欠けた、戦いだけを目的にした造りであった。

２００１年12月21日、航空自衛隊のＰ—３Ｃ哨戒機が奄美大島沖の東シナ海に不審な船が航行しているのを発見し、画像解析の結果翌22日未明、北朝鮮の工作船と判明した。

通報を受けた海上保安庁は第10管区・第11管区の航空機と巡視船艇を現場へ急行させ、23時間にわたって工作船を追尾したものの、度重なる停船命令を無視して逃走する同船に向け、20ミリ機関砲による威嚇射撃を行った。

工作船はなおも逃走を続け、自動小銃やロケット弾を発砲してきたため、装甲もなく12・7ミリ機銃しか装備のない巡視船**「きりしま」「あまみ」が被弾**し、**「あまみ」の乗組員3名が負傷した**。だが、巡視艇**「いなさ」が正当防衛として応戦**したのである。

さかのぼって1999年3月23日、能登半島沖に北朝鮮の工作船が現れたとき、自衛隊発足後初めての「海上警備行動」（自衛隊法第82条）が発令された。イージス艦**「みょうこう」**と護衛艦**「はるな」**による威嚇射撃、P―3C哨戒機による小型爆弾投下をしたものの、法律上船体射撃ができずに工作船は逃走した。

この苦い教訓から、2001年11月、海上保安庁法が改正され、警告に従わない場合には船体射撃が可能となったのだ。そしてその施行からわずか1か月後、この奄美沖工作船事件が起きたのである。

「いなさ」は自らも被弾しながら20ミリ機関砲１８３発を工作船の船体に向けて撃ち放った。まさか日本が撃ってくるとは思わなかった工作船は被弾・炎上し、自沈。乗組員10数名も自決した。

これが日本の海上保安庁が実戦で初めて行なった船体射撃ということになる。巡視船「**いなさ**」が撃った20ミリ砲１８３発の銃弾は「全弾命中」だった。

工作船の全体には、生々しい弾痕が残っていた。

既述どおり、海保の任務は「海上の安全および治安の確保を図る」ことだ。初の銃撃戦、しかも法改正からまだ1カ月。にもかかわらず、わが国の海上保安官の毅然たる姿勢と高い実力を相手国に知らしめた。

加えて、この工作船公開に至る経緯を簡単に書いておこう。

工作船を引き揚げようとしたとき、当然ながらその必要があるかどうかの議論があった。私などは一も二もなく「引き揚げろ」派だったが、案の定と言うべきか、たとえば日本の外務省などからはさっそく慎重論が出た。

工作船は、中国の排他的経済水域に沈んでいた。だから「それをわざわざ引き揚げなくとも」

というのである。

彼らは外務省のチャイナスクールと呼ばれる人たちで、時に日本のこと以上に中国、ひいては北朝鮮の立場を考える。彼らが「中国が、北朝鮮が」と抵抗しているうちに、撃沈してから8ヶ月余が経ってしまった。

結局、2002年9月11日に引き揚げることになるのだが、それを決定したのは当時の**扇千景国土交通大臣**だった。海上保安庁を所管する彼女は、きっぱりと「引き揚げろ」と言ったのである。扇大臣が「日本のサッチャー」とよばれるようになったのは、この時からである。

しかも彼女は、引き揚げた工作船は、調査が終了したら再び沈める予定だったのを、「とんでもない。国内に運んできて一般公開すべきだ」と、断固として主張した。反対派が「そんな予算はない」と抵抗するのに、「結構。こちらで何とかします」と答えている。

そのときすでに、**日本財団会長（当時）の作家・曽野綾子さん**と扇大臣との間で、船の科学館で公開しようと話ができていたのである。

扇大臣や曽野会長の姿勢は、実にはっきりしている。

北朝鮮の工作船を公開すれば、国民には危険性を喚起できるし、中国や北朝鮮に「日本、侮れず」と思い知らせることができる。何しろそれまでは、北朝鮮などは日本を「腐ったカボチャ」(押せば押すほどへこむ)と嘲笑していたのだ。

だからこそ、彼らは好き勝手に日本人を拉致していったのである。

海上保安官たちも大いに喜んだと思う。なぜなら、工作船の公開は一種の顕彰だ。工作船から攻撃を受けて、命がけで応戦した現物証拠を国民の前に公開できた。そして、公開が終了した2004年2月15日までに、**延べ162万人の入場者**を記録したのである。

そして今もこの工作船は横浜海上防災基地内の資料館に展示されている。

海上保安官は、出動となれば、命がけだ。

そしてこうした仕事に従事する者たちの間には、強い結束力が生まれる。60年、70年安保を共に闘った私たち警察の機動隊員もそうだった。これは今も昔も変わらない。

ごく単純化した組織論を試みれば、これまで紹介してきた海保はじめ、警察・消防・自衛隊といった危機管理職種にある者たちの世界は、一種のゲマインシャフト(運命共同体)である。とくに巡視船艇乗組員たちは、文字通り「一蓮托生」「板子一枚下は地獄」の世界である。

これに対し、一般企業などはゲゼルシャフト(利益共同体)ということになる。

構成員は自らに提示された利益の多寡に応じて働けばいい。もっとも、一つの組織に両者の要素が混在しているのが通常の姿なのだが、何事もカネで割り切ってばかりでは、危機管理の現場で国民の生命・身体・財産は守れない。やはり構成員が強い仲間意識、共同体意識で結ばれていないと、いずれ組織を維持できなくなってしまうのだ。

車座になって茶碗酒を回し飲むような世界。現実の危機管理組織には、そうした仲間意識を確認する場が必要なのだ。

●尖閣中国漁船体当たり事件とビデオ流出

尖閣ビデオ流出事件についても、触れておかざるをえないだろう。

2011年9月7日、尖閣諸島付近で違法操業をしていた中国漁船が、警告を発しつつ近寄った海上保安庁石垣海上保安部の巡視船に、激しく体当たりし、海上保安庁は中国漁船船長を逮捕した。11月4日になって、そのビデオ（石垣海上保安部撮影）がインターネットのユーチューブ上に公開された。

この間、あろうことか中国に屈し、那覇地検が漁船船長を処分保留で釈放したことから、国民の間にもこの事件の真相を求める声が高まったのだが、日本政府は頑なにビデオを非公開としていた。そのため、この映像がユーチューブに投稿されると騒ぎはアッという間に大きくなったが、その〝犯人〟には逃げ隠れする気はまったくなかったようだ。

１週間後の11月10日には自ら名乗り出ている。

彼の名は**一色正春氏**（当時43）。神戸海上保安部の巡視船「**うらなみ**」の主任航海士だった。

ビデオ流出直後に、私は産経新聞社から取材をうけたりフジテレビの番組に生出演した際、次のようにコメントした。

「公開しなかった菅政権の判断は間違っていた」

「一部では（漏洩した人物を）厳正に捜査するように言っているが、本来は公開すべき情報で、私は弁護に回ります」

「投稿者は愛国心に燃えた憂国の士、いわば『正義の味方・月光仮面』だ」

この立場は、いまも変わらない。

私は自分のホームページ上で「海上保安官に対する刑事処分に反対するネットの会」を立ち上げて署名を募った。内容は、

「この海上保安官のユーチューブへの投稿は、国益を思い、使命感にかられて行なった行為です。国家公務員法の規律違反としての減給、戒告等の処分はやむを得ませんが、守秘義務違反による刑事罰を科すことには強く反対します」というものだった。

その反響は凄まじく、3日間で1万通を超える署名メールがあって、ついには事務所のサーバーがパンクしてしまったのである。

これが一般的な国民の声なのだと、私は思う。

だいたい、民主党政権もおかしいのである。

野党のときは情報公開、情報公開と主張していたくせに、与党になったとたん、いろんなことを隠したがる。というよりも、自分たちで情報を独占したがる。かつてのソ連や、いまの中国、北朝鮮などは頑固に情報を公開しない。それが彼らの国家統制の要諦だからだ。

もちろん、情報の中には軽々に公開してはならない機密もあるが、あの尖閣ビデオについて非公開にする理由など、どこにもないのである。

最後に一つ、一色正春氏が名乗り出た直後に共同通信社が行なった世論調査の結果を挙げておこう。

「（ビデオは）公開すべきだった」に賛同した国民は、88・4％。

「映像は国家の秘密には当らない」と答えたのも81・1％

であった。

２０１２年8月15日、香港の活動家７人が尖閣諸島の魚釣島に上陸した。海上保安庁はこの７人を含む一行14人を出入国管理及び難民認定法の不法上陸・入国容疑で逮捕したが、「法令にのっとり」全員を17日に強制送還した。

対して、日本の国会議員８人を含む一行１５０人が4日後に尖閣諸島沖で慰霊祭を行い、その際地方議員ら10人が魚釣島に上陸したところ、この10人は立ち入り禁止の場所に無許可で入ったとして、軽犯罪法違反の容疑で事情聴取を受けたという。

そもそも国会議員には国政調査権というものがあり、国益のための視察であるならば上陸することは当然可能であるはずなのだが、政府は「尖閣諸島を平穏かつ安定的に維持・管理するため」として上陸許可を出さなかった。

尖閣諸島は我が国の領土である。その平穏も安定も、自国民により維持されるものである。確信犯として不法上陸した外国人を無罪放免とし、我が国の国益を考える日本人に上陸許可を与えず、上陸した者を軽犯罪法違反容疑で事情聴取とは、この国はいったいどうなっているのか。野田内閣というのはどこの国の内閣なのか。

香港の団体は10月にも再度尖閣諸島に向かい、上陸を目指すと言っている。

「領海警備」「工作船取り締まり」「海賊対策」などの任務を負う海上保安庁には、それにふさわしい権限と装備資機材を与えたうえで、政府は我が国の主権を侵した外国人には厳正に対処すべきである。そうしないと、２００４年のような銃撃戦、２０１０年のような体当たり事件、そして不法上陸は今後も続くであろう。

（海上保安庁の強化についての具体的提言は、幻冬舎刊の拙著『彼らが日本を滅ぼす』『ほんとに彼らが日本を滅ぼす』をご参照願いたい）

第６章 ［自衛隊］篇

大震災でも頼もしかった
日本国民の「最後の砦」

陸・海・空 自衛隊

●陸・海・空自衛隊は現場で人命を救う最後の砦

物資を輸送し人命救助にも
活躍する陸・海・空自衛隊ヘリ
（上段・中段）

松島基地の惨状
ヘリ、ジェット戦闘機なども流される中、
必死の救助を展開する

●自衛隊は、全救助者の7割に当たる約1万9000名の被災者を救出

全自衛隊総がかりで瓦礫の撤去、捜索、救助と昼夜活動

放射能防護服で捜索活動
——福島県浪江町

●防衛医官たちの活躍

田村泰治 医官

東日本・放射能対策チームに志願

小林秀紀 自衛隊 中央病院前院長

凄絶なアフリカで医療活動に身を挺した。(ルワンダPKO難民救援派遣)

〈下の2点を除き防衛省・提供〉

●自衛隊員自身が被災者だったことを忘れてはならない

日本に公助がないといわれる原因は、ひとえにリーダー層の不心得にある。

公助を担っているうち警察、消防、海保の3組織を見ただけでも、現場の人間たちの仕事ぶり、護民官魂は、これ以上を望むべくもないレベルの高いものだ。

だが、日本の政治リーダー層には危機管理の実戦経験をもつ人物がいない。ここに問題があるのだ。

本章では陸・海・空の自衛隊を取り上げる。

前述のように、**東日本大震災のとき自衛隊は、1日最高10万7000人、延べにして1000万人以上の隊員が災害援助に出動した**。特に被災地に近い自衛隊員は、彼ら自身も被災者でありながら、多くの隊員が家族の安否も確認できないままに、内心の憂慮を黙して語らず出動している。

調べてみると、実際に**360人の自衛隊員が家族の誰かを失くしていた**。

これが民主党の仙谷由人元官房長官から「暴力装置」と呼ばれた者たちの姿だ。

私は本書を書くにあたって、防衛省からはもちろん、そのほか多方面から多くの資料を収集した。中でも役立ったのは、自衛隊が撮影した膨大な量のビデオなどを元に、フジテレビが編集・制作した番組『金曜プレステージ「**自衛隊だけが撮った0311—そこにある命を救いたい—**」』（2012年3月9日放映）だった。

また雑誌では『新潮45』に現在も連載されている**杉山隆男氏**による大型ノンフィクション「**兵士は起つ**」（2011年10月号～2012年4月号）も、細部までよく描写されており、事実関係を参考にさせていただいた。また、陸・海・空自衛隊の方々に貴重な体験を取材させていただいた。

震度5弱を超えるような大きな地震を探知すると、自衛隊の航空機は偵察などのため現場の判断でスクランブル発進することになっている。

東日本大震災が発生した直後にも、上空には190機の自衛隊機が飛んだ。上空からできる限りの情報収集をするためだが、今回の地震は想定外の巨大さであり、所属部隊に送られてくる情報の中には信じられないようなものがいくつも含まれていた。

中でも想定外だったのは、何といっても津波の規模の大きさである。

宮城県多賀城市の多賀城駐屯地では、自分たちの基地が津波に襲われることは想定していなかった。ところが駐屯地の正門付近などは海抜3m、仙台港からは1・1kmしか離れておらず、今回の津波は、彼らの基地にまで襲ってきた。

そして、地震発生とともに出動の準備を整えた災害派遣車両13台を、津波が呑み込み、1500人が立ち往生した。隊員の自家用車約500台も流された。

多賀城駐屯地は宮城県全域のほぼ8割をフォローする。

具体的には、宮城県北域の仙台市、県第二の人口を有する石巻市など11の市と、原子力発電所を抱える女川町など12の町、ほか1村。この広域を多賀城駐屯地に駐屯する第22普通科連隊でフォローする。隊員の9割が東北出身者という「郷土部隊」で、しかも半数は地元宮城県の出身だ。

第22普連の陣容は、第1から第4までの4中隊（1中隊は約150人）、および重迫撃砲中隊、本部管理中隊などである。さらに災害派遣時の特例として、仙台近郊に駐屯する第6戦車大隊が、指揮下に入る。

國友昭連隊長（一佐・49）は、地震直後に上級部隊の第6師団の久納雄二師団長に自ら携帯電話で連絡を取り、災害派遣命令を受け、30分後には県や市に連絡要員を派遣していた。

だが、これでは肝心の部隊が被災地に行きたくても行けない。

完全に出鼻を挫かれた格好だ。情報も錯綜していた。ただちに出動準備のやり直しにとりかかったが、今度は情報が錯綜して外部の様子が掴み切れず、安易に出ていけない。

見切り出動か、待機か、**國友連隊長**は決断を迫られていた。

【第十三話】――使命感だけでなく人間として救うのが当然

濁流に流されながらも18人の命を救った有馬勝彦二曹

そんなさなか、外出していた隊員がまだ帰らない、63人が行方不明と報告が入った。

彼らはただちに隊に戻ろうとしたはずなのだ。自衛隊員はみな、そのように訓練されている。

〈別命なくば駐屯地に急行せよ〉

これが震度6以上の地震に見舞われたときの自衛隊の行動基準なのである。

彼らが帰らないのは、津波に行く手を遮られたのに決まっていた。

その中の一人に**有馬勝彦二曹**（本部管理中隊所属）がいた。

予想された通りだった。彼はこの日は夜勤明けの非番だったのだが、外出先で地震に遭ったためバイクに乗って駐屯地に戻ろうとした途中で、津波に流されていたのである。

その日、第22普連は利府町の外れにある射場で、多賀城駐屯地あげての射撃競技会を開催していた。地震は射撃競技会が終了して、各々が駐屯地に引き揚げようとしている、まさにそのとき襲ってきたのである。

実は、國友連隊長が地震に遭ったのもその途上で、彼は任務用の優先回線が設定された携帯電話で災害派遣命令を受け、基地にも諸々の指示を与えていたのだった。

國友連隊長は3時30分頃には駐屯地に到着することができた。だが、その後に発生した大津波は、多賀城市内を流れる砂押川を、もの凄い勢いで遡上し、予定通り駐屯地に戻れなくなった隊員が63名も出てしまったのだ。

多賀城駐屯地の正門に至るには、ふつう、砂押川にかかる念仏橋の手前から県道23号線に入るルートが使われる。しかし、有馬二曹がバイクに乗って念仏橋まできたときには、すでに津波の第一波が到達していたのである。

あわててバイクをUターンさせ、この川をさかのぼる津波からは辛うじて逃れた。

そして、ふだんは使わない別ルートに向かい、ともかく駐屯地を目指そうとした。

しかし、川をさかのぼった津波はあふれ出し、港から押し寄せてきた津波は住宅などを破壊し、車をのみこみながらすさまじい勢いで向かってきて、あたり一帯もみるみるうちに冠水していった。有馬二曹が乗ったバイクは、路上の水を切るように走っていたが、やがて急速に水かさが増して、車輪の半分ほども水没してしまう。

有馬二曹は、やむなくバイクを乗り捨て、駆け出した。

と同時に、第二波の津波が襲った。

有馬二曹は、とっさに道路脇のフェンスにしがみついた。しかし、津波の勢いは想像を絶しており、このフェンスももはや水流に倒されようとしていた。


そのとき、すぐ近くで「助けて」と声がきこえたのである。

目と鼻の先を初老の女性が流されている。

それに気づくのとほぼ同時に、有馬二曹はフェンスごと濁流に呑みこまれダウンジャケットで浮いていた。だが彼は反射的に夢中で手を伸ばして女性を引き寄せた。女性が「いいから先に行って、私はもうダメだわ」と言うのを「そんなこと言うな、最後まであきらめんな！」と励まして右脇に抱えあげる。

それから2人は、濁流の中をともに流された。

どのくらい流されていたのか、時間感覚が飛んでしまって、よくわからない。

すると、今度は思いがけない〝漂流者〟が目に入った。緑色の腕章が濁流の中に見え隠れしている。その三角巾のような特徴ある形は、彼ら自衛官が「先任」と呼ぶ中隊の取りまとめ役の証だった。

有馬二曹は残った左腕を伸ばし、腕章を付けた腕を持ち上げるようにして抱え込んだ。

今度は3人で流されていく。先任（やがて第4中隊の**岩渕伸雄准尉**と判明する）はグッタリとしてしまっている。津波に流され、濁流の底で揉まれているうちに重油やヘドロを飲み込んでしまい、ほとんど意識を失っていたとわかるのは、後のことだ。

やがて彼ら3人は、幸いにも民家の屋根らしい場所に流れ着くことができた。

しかし、足許は泥水で見えない。ただ、足だけは着いていた。これで踏ん張れる。それだけでもありがたい。とりあえず一息ついたが、水はまだ胸あたりまである。もっと安全な場所に移動しなければならないだろう。

周りを見渡すと、一軒の立派な屋根瓦を持った家が見えた。

1階は水没しているが、2階部分はほかの家々より頭一つ高く、泥水の上に顔を出している。濁った水で見えない足許を確認しながら、そろそろと近付いていった。女性と岩渕准尉をその1階部分の屋根に乗せ、鍵のかかった小窓を見つけ、大声で「すみません！」と呼びかけたが返事はない。

仕方なく小窓のガラスを拳で叩き割った。そのとき、家人が気付いたらしい。70歳過ぎと思われる老人男性だった。突然の闖入者にも驚いた様子はない。事情を説明すると、快く家の中に受け入れてくれた。まだもうろうとしている岩渕准尉を励まして、救助した女性を屋根に押し上げてもらい、まずは彼女を家の中に運び込んだ。

●一人でも多く助けようと急造筏で再び濁流に漕ぎ出す

こうして3人は、ようやく畳のある一室に落ち着くことができた。

ところが、部屋の窓から外の様子をうかがうと、今度は地獄絵図のような市内の様子が目に飛び込んできた。街はすべて、真っ黒な泥水の中に没してしまっている。

そして街は、不気味なほどに静かなのだ。

その静かな街のあちこちから、被災した住民の「助けてくれ！」「誰か早く来てくれ！」の声が、有馬二曹たちがいる部屋まで聞こえてくる。

その声を聞いているうちに、**有馬二曹**はじっとしていられなくなってきた。

思わず「こうしてられない、気になる」と呟く。

一緒に流れ着いた女性は、驚いて「こんな中に出ていくなんて、あなたの命も危ない」と激しく案じる。

だが有馬二曹や、少し元気を取り戻したばかりの岩淵准尉たちは、それでも行かずにはいられない。

何か浮き輪として使えそうなものはないか。**有馬二曹**は、家を出て屋根伝いに捜してみたが、使えそうなものなど簡単に見つからない。困っていると、一艘の急造筏らしきものが、こちらに近付いてくる。それは何と、近所に出かけていた、この家の奥さんたちだった。

訪ねた家がたまたま改築工事中で、垂木を重ねた資材がたくさんあったから、それを使ってこの急造筏をつくったのだという。有馬二曹が筏を確認すると、単に細い垂木を何本も重ねただけではなく、防水用に周りをシートで覆ってあった。これなら十分に使える。

これから救助に出かけたい。ついては救助した人たちを、仮にこの家へ収容させていただけないか――**有馬二曹**の申し出を、老夫婦は快諾してくれた。

まだ体調が完全ではないうえに、もう50歳を過ぎている**岩渕准尉**には、2階の窓から救助した人を引き上げてもらう役を頼んだ。有馬二曹は5メートルもある長い垂木を竿にして、一面の泥海の中へと筏を漕ぎ出していった。

雪がずいぶん激しくなっていた。気温は0℃以下だろう。

そんな中を長い棹で前方を探り、瓦礫や水面下に隠れているかもしれない障害物を避けつつ、慎重に筏を進めていく。

もうさっきからずっと、老夫婦の家の２階で聞いた助けを求める声が、いっそうの現実味を帯びて聞こえている。切迫した響きの声に交じって、叫び続けて疲れ果てたのだろうか、消え入るように小さな声も耳に届く。

この地獄と化した街の中で、いったい何人の人が助けを求めているというのだろう。暗澹たる思いにかられながら、有馬二曹はとりあえず、いちばん近くに聞こえる声をめざして筏を漕いだ。

瓦礫に乗り上げた車の屋根に１人。そのすぐそばに建つプレハブ小屋に３人。いずれも女性が取り残され、寒さに震えながら救助を待っていた。この急造筏では４人一緒の救出は無理と判断し、２人づつ２回に分けて老夫婦の家まで運んだ。

こうして有馬二曹は、立ち木や電柱にしがみついていた人、瓦礫の山に乗り上げた車の中で孤立していた人、前の部分がすっかりつぶれた車内で震えていた人……等々を筏に乗り移らせるごとに、次々と老夫婦の家の２階で待つ岩淵准尉の手に渡していった。

途中からは、なるべく老人、子ども、女性を優先して救助するようにした。

これには現実的な問題があった。７～８人も収容した時点で、老夫婦の家は満杯になっていたのだ。新たな収容先を確保しないといけない。しかし、こんな状況下で我が家を快く提供しようという人はなかなか見つからなかった。何軒かに頼んで回り、そのほとんどに拒絶されたが、それでも3軒が受け入れに応じてくれた。

●駐屯地の救助ボートが来るまで

途中、思いがけず強力な助っ人も得ていた。

工事現場の足場に逃れていた**大山慎一三曹**（第4中隊所属）である。**岩渕准尉**と同じ車に乗っていて津波に呑まれ、別々に流されたのだという。こういう不思議もあるのだ。有馬二曹はダウンジャケット姿だったが、大山三曹は一目で自衛隊とわかる戦闘服だった。

やがて雪は小降りになってくれたが、夜になって気温はさらに下がり、手足の感覚が失われてきた。

2人は救助活動に没頭した。もう何人の人を救ったのか、そんなことは念頭になかった。ただ、助けを求める声のほうに向かっていって、ひたすら助ける。声がしないときは、闇に向かって「誰かいないか！　助けにきたぞ！」と大声で叫ぶ。

さすがに2人の疲労も極に達しつつある。

そのときだ。夜の泥海に、幾筋もの光が伸び、近付いてくる。駐屯地からの救助ボートに違いない。多賀城駐屯地では国友司令が出動の決断を下し、19時からは本格的に各部隊が災害派遣として動き出していたのである。

救助ボートには3人の隊員と、途中で救助した避難民3人が乗っていた。隊員はヘルメットにキャップライトを付け、大型の懐中電灯を手にしている。

これで全員を助けられる！　有馬二曹は初めて心から安堵した。隊が本格的に動き出せば、一気に機動力が増して、助け出した人たちの収容場所の問題も容易に解決する。

夜の泥海に出動した多くの救助ボートは、互いに連絡を取り合い、効率的な救助作業を展開し、救助者収容先は教育大隊の隊舎と決まった。老夫婦の家からも、後に収容を受け入れてくれた3軒の家からも、全員を急ぎ駐屯地へと移送した。

有馬二曹、そして**大山三曹**、**岩渕准尉**による孤軍奮闘の救助作戦が、ようやく終わりを迎えたのである。

こうして壊滅した多賀城市内を深夜まで捜索した結果、有馬二曹らは何と**18人**もの人命救助を成し遂げていたのである。天晴れというほかない。

救助ボートで多賀城駐屯地に10時間ぶりに戻った有馬二曹は、濡れたダウンジャケットをクリーニング済みの戦闘服に着替え、災害派遣任務として再び多賀城の町に出動していった。

大山三曹も、戦闘服を着替えるとすぐに任務に着き、その後石巻市内での大捜索活動に従事した。


救われた18人は「有馬さんのことは絶対に忘れない」と口を揃える。

最初に救われた女性は「見ていて、ああ、この人はタダの人じゃないな、と思いました」と感動の面持ちを隠さない。

また別の男性は「すごい使命感ですよね。でも、使命感だけで、あそこまでやれるものなのか……」と、感に堪えない様子で語る。


このように、自衛隊員は個々の資質も実に素晴らしい。

こういう頼もしい人間たちが、信頼する指揮官を戴いて隊伍を組み、東日本大震災の被災地で多くの命を救ったのだ。

歴代の防衛庁長官、防衛大臣は彼らを「**最後の砦**」と呼んだ。

自衛官たちも「我々は日本国民の最後の砦だ」と自らを鼓舞する。自分たちが倒れたら、後に続く者はもう誰もいない。そこから生まれる使命感というものは、尋常一様なものではない。

こういう自衛官の存在を、私は誇りに思う。

有馬二曹が決死の働きをしていたころ、多賀城駐屯地も慌ただしく動いていた。正門ゲートや本部・各中隊の隊舎は津波が押し寄せ、深いところで大人の胸ほどの高さまで冠水していたが、東京ドーム15個分の敷地は平坦ではなく、小高い山も有しており、その裏手にある燃料支処などは無事で、その手前にあるふだんは使用しないゲートは津波の被害なく利用可能であったため、駐屯地周辺の状況把握などをゴムボートで行いつつ、災害派遣の準備は着々と進められた。

「これ以上、情報を待っていたら、そのぶん人命が失われていくばかりだ。とにかく沿岸部が危ない。各部隊は、定められた指揮命令系統に従い、沿岸部に向けて出動せよ」

19：00を期して、各部隊は自らの分担地域に向けて一斉に出動していった。有馬二曹を助けた救助ボートは、その一隻だったのだ。

國友連隊長の決断により**多賀城駐屯地の部隊は震災後１４４日間で４７７５人を救助し、４５０体の遺体を収容した**という。

結果として**自衛隊全体では、震災発生後の72時間で１万５９００人の被災者を救出した。**全国から集まった陸・海・空自衛隊は、この72時間を不眠不休でフル稼働したのである。

【第十四話】——ヘリ救助の諦めない忍耐力

陸・海・空救援パイロットの群像

3月11日の夜。

仙台市若林区にある霞目駐屯地から、**斎藤昇三佐**（49）の操縦するヘリが飛んだ。

宮城野区にある中野小学校に**537人の避難民が孤立**している。重い病人も混じっているらしい。小学校からわずか200mしか離れていないところで、木造家屋10棟、瓦礫約1600㎡と車両50台が炎上するという火災が起きており、折からの風にあおられて学校に迫ってきていて、一刻の猶予もならないというのだ。

また、約1キロの距離にある石油コンビナートでも爆発が起きた。

そんな状況では、何としてもヘリを飛ばさなければならない。

問題は夜の闇だ。ヘリを飛ばそうにも視界が悪すぎる。というよりも、暗闇で前後左右がまったく見えない。斎藤三佐は**ナイトビジョンゴーグル**を使うことにした。**米軍がベトナム戦争の**

とき開発した秘密兵器で、闇夜でも十分に視界を確保できる。

そんな経緯があり、ようやくヘリは仙台市上空の闇の中を中野小学校へ向かう。

報告どおり、火災は迫っていた。

しかし、小学校に近付くには、ヘリの行く手を遮る送電線が邪魔だ。斎藤三佐は電線の隙間を探して視線を振った。とたんに**目の前が真っ白になった。しまった! 思わず火災の炎を見てしまったのだ**。これがナイトビジョンゴーグルの欠点だったのである。

乏しい光を強い力で集める高性能が、こういうときは逆にアダになる。

やがて斎藤三佐の目は、いくぶんか見えるようになったが、まだ三分の一の視野しか戻らない。その狭い視野と、後は経験を頼りに、再び小学校へと近付いた。何とか送電線の網を抜け、中野小学校の上空に着くと、屋上に出た多くの避難民が手を振っている。

自衛隊のヘリだ! 助かった! まるで、その声が聞こえてくるようだった。

ホバリング（空中で停止した状態）を始めたヘリから、一人の隊員がロープを伝って避難民が待つ屋上へ、スルスルと降りてくる。

●避難住民を感激させた「朝まででもやります」

嶺和晃二曹（33）だった。リーダー的な存在らしい人を先頭に、避難民たちが駆け寄ってくる。まだ不安は拭い切れないのだろうが、やっと来てくれた夢にまで見た救出ヘリに、ようやく胸をなで下ろした様子がみえる。

「ご病人は何人ほどいらっしゃいますか？」

嶺二曹の問いに答えている人の後ろから、緊急に人工透析が必要な老人が、数人に抱えられて出てきた。まずはこの方を、次は残る病人と子ども、お年寄りから順にお願いします

……このときを心待ちにしながら決めていたのだろう。よどみなく語りかけてくる。

「了解いたしました。では、一人ずつヘリにお連れします」

こういうとき日本では、最初にオレからだ、などと主張する人はまずいない。これまでの救助経験でわかってはいたが、やはりありがたかった。しかし、一人目の搬送者を抱き上げたとき、後ろから「また来てくれますか？」と不安げな声をかけられた。

「はい。朝まででも続けますから」

人々の顔がパッと輝いた。

ヘリによる救出を続けながら、他方では別の自衛隊ヘリと消防ヘリが火炎の空中消火を続け、翌12日には地上からの部隊も到着して、中野小学校の避難者は全員無事に救出された。

●多くの避難民が自衛隊員たちの「命がけ」に救われた

３月12日、神奈川県の横須賀港から、海上自衛隊の護衛艦「**ひゅうが**」（１万３９５０トンヘリ４機搭載の新鋭護衛艦）が、岩手～宮城県沖合へと急いだ。集中治療室や手術室もそなえた最新鋭の護衛艦である。

点検のためにドック入りしていたが、特例で急遽出動した。「**ひゅうが**」には、千葉県館山市の**海自第21航空隊の飛行隊長・田上啓介２等海佐**（48）が率いる４機の救助ヘリが搭載されていた。

翌13日、田上二佐らを乗せた「ひゅうが」が現地に着くと、別の現場で救助活動をしていた同じ第21航空隊所属のヘリから、〝石巻市北上川河口付近の長面集落地区に孤立避難者群あり〟との情報が入り、さっそく救出活動が始まった。

ヘリコプターで現場に接近しては、着陸不可能なところでは校庭や道路に描かれた「ＳＯＳ」の文字などを目印にして隊員が降下（ホイスト）する。「一度に運べるのは８人。１日14往復したこともある」とのことで発災後72時間までに３００人近くを運んだ（朝日新聞２０１２年６月18日付）。

さまざまな苦労を伴い緊張を強いられる救助・救援作業だったが、僚機3機と力を合わせ、2日がかりでこの任務に取り組み、石巻市長面地区の被災民は主に避難所の飯野川中学校へ、けがをした人や病人は石巻赤十字病院へと搬送された。

しかし、上空から何度も眺めた被災地の様子を思うと、とても一息ついている気にはなれない。

その後も帰投する3月26日までの2週間、各地の避難所を僚機と手分けして飛び回った。救出の次は医療支援、そして支援物資の搬送と、任務は変わる。避難所の人たちに何が必要かを聞き、それらを護衛艦「ひゅうが」から輸送する。

物資の需要は日ごとに変化し、最初のうちは食料や軽油・灯油などの燃料、その後は歯ブラシ、カイロ洗剤、シャンプーなどを届けた。

海自の艦船が海中から収容した遺体の輸送もこなした。

通常では飛行しない激しい雪の中、大きい遺体袋1、大きいブルーシート1、小さいブルーシート1に包まれた3遺体を同時に、死体安置所に搬送したときの機内の張りつめた空気は、いまも忘れられないそうだ。

田上2等海佐は6月17日、千葉県南房総市の小学校で講演し、当時の体験談とともに「みなさんのいのちを守るのが私の仕事」と語ったという。

また、三陸沖合に到着した「**ひゅうが**」は、米軍のトモダチ作戦との海上の連携拠点としても活躍した。

米軍は空母「**ロナルド・レーガン**」などの艦船を急派し、ヘリを使って捜索や物資輸送、被災地でのがれき撤去や泥の除去などを行ってくれた。

3月末まででその**艦船の数は19隻、航空機140機、人員は約1万8000名、輸送された支援物資は240トン**にのぼった。

その際、米海軍と海自からそれぞれ3人ずつが「**ひゅうが**」と米空母「**ロナルド・レーガン**」や米強襲揚陸艦「**エセックス**」に交互に乗って救援活動を調整するなど、かつてない緊密な連携が行われていたのだ。

「**ひゅうが**」の艦上から救援物資が米軍ヘリに積み込まれたり、逆に日本の空自ヘリが米軍の艦船に着艦したりする場面が、何度となく繰り広げられ、前例ない規模の「トモダチ作戦」は成功した。

自衛隊は震災発生からの**6日間で艦船57隻、ヘリ202機、飛行機321機**をフルに稼働し、**救助者数は1万9400人**にのぼった。

だが出動してから1週間ほど経つと、生存者を救出することはなくなった。

海自艦船や海保と連携して発見した遺体を収容し、当日もしくは翌日までに安置所に輸送する任務が増えた。亡くなった人の輸送というのは、やはり気持ちが塞ぎ込みがちだ。

しかし、落ち込んだ心を奮い立たせ、また落ち込んで、それを再び奮い立たせ……と、ヘリ部隊は心身ともに疲れ果てながらも、健気に被災地の空を飛び回っていたのである。

●前線部隊を支えるロジスティクスの重要性

震災発生の直後から、全国の海上自衛隊基地から多くの所属艦が東北に向けて、次々と出動した。

ここでは艦船の出動前、どこの基地でも展開される**ロジスティクス**の様子を、神奈川県の横須賀造修補給所を例に紹介する。

ロジスティクスは、前線に比べると、どうしても地味だが、現実には「作戦の行方はすべてロジにかかっている」と言っても過言ではない。

先の日米戦争で日本が負けた大きな原因の一つに、日本軍のロジスティクス軽視があったことは、多くの専門家が認めるところだ。

ちなみに今回の大震災では、特に地元の建設業者たちが3・11直後、救助や支援で続々と現地入りする自衛隊、消防などの車両を通すために、懸命に道を通したという。

しかも彼ら自身が重機を流されたり、家族の安否も分からないような状態にもかかわらず、瓦礫の街中で道を通したのだ。こういう表舞台の活躍の陰にある地道な仕事こそ価値があり、称賛に値する。こういうロジスティックスあってこそ救援部隊の活動が可能になったのだ。

佐藤秀樹三等海曹は横須賀造修補給所の需品管制官（計画調整部需品管制科糧食係）だ。震災発生直後から、佐藤三曹は連日の補給任務に追われることとなった。

通常は週2日の生糧品補給支援をほぼ毎日行うということが3週間続いたというから、後方任務は休みなく行われていたことになる。

しかも、この緊急出航する災害派遣艦艇のための糧食（生糧品、貯蔵品）の緊急調達業務は震災の影響で流通が混乱し、調達業務が極めて困難な中で行なわれた。

その苦労は、近所のスーパーから水、電池、ローソクなどが、アッという間に品不足になった経験から、読者の方たちにもある程度まで実感できるはずだ。

佐藤三曹は泊り込みを続けながら、この困難を克服し、見事に任務を完遂した。

こうしたロジスティクス技術が、どれだけ現地派遣部隊の助けになるか測り知れない。

こうして横須賀基地からは、前出の護衛艦「**ひゅうが**」のほか、「**ときわ**」（8160トン・補給艦）「**ぶんご**」（5700トン・掃海母艦）「**おうみ**」（大型8000トン・輸送艦）「**くにさき**」（同上）「**おおすみ**」（同上）などの大型艦のみならず、小型船艇にいたるまで、出せるすべての艦船が被災地に派遣された。

「**おおすみ**」は2000年に三宅島が噴火して全島民が避難した際にも活躍した輸送艦であり、「**ぶんご**」「**ときわ**」「**くにさき**」などもトルコ大地震やスマトラ沖地震などで活躍実績のある海自が誇る大型艦である。

調達した物品は、自治体救援物資、防災コンテナ内容品、感染防護服、各種化学機材、灯油ほか各種燃料……等々多岐にわたる。

4週間で支援したのは、**横須賀在籍艦艇約20隻、他地方隊在籍艦艇約30隻**と、平時の3倍を超す業務量となった。

佐藤三曹は「当たり前のことをやり遂げただけです」といたって謙虚だが、彼の果たした役割は実に大きい。

「尋常ではない業務量であったにもかかわらず、本人は文句一つ言わず、冷静かつ的確に調達業務を遂行した。自分がこなしてきた任務が、いかに多くの人のために役立ったのかを自ら誇ることとなく、当然のこととして受け止めている謙虚さにも敬意を払いたい」（横須賀造修補給所計画調整部企画調整科長）

このように被災地で多くの命を救った自衛隊員のかげにも、その活動を支えるロジスティック部隊がいるということに、私はふれておきたいと思う。

前述の艦船らは三陸沖に停泊して救助や物資輸送の拠点となったほか、被災民の入浴支援を行ったり、とくに「**おうみ**」は福島第一原発の冷却水確保のため米軍から提供されたバージへ真水を補給するという任務〈オペレーション・アクア〉も遂行した。

●航空自衛隊、松島基地の無念の涙

航空自衛隊については、一つの痛恨事を記しておかなければならない。

宮城県・松島基地が津波に襲われ、航空機を、津波が無情にも呑み込んだ。

Ｆ―２戦闘機18機、**Ｔ―４練習機４機**（うちブルーインパルス用１機）、**Ｕ―１２５Ａ救難捜索機２機**及び**ＵＨ―60Ｊ救難ヘリコプター４機**が濁流に呑まれ、その数計**28機**、被害総額は最大２８００億円にのぼった。愛機が津波に呑みこまれていくのを、何もできず、施設の屋上から見守るしかなかったパイロットたちの心中は、察するにあまりある。

松島救難隊の隊長・**佐々野真二佐**（45）がテレビのインタビューに応じていた。涙は見せなかったものの、彼が全身で泣いているのは表情からも伝わってきた。しかし「津波が予想されたのに、なぜ飛ばなかったのか」との問いには、彼としても答えておきたかったのだろう。飛べなくて、いちばん口惜しいのは、ほかの誰でもなく彼なのだ。

航空機を残しての待避命令は、あの場合、正解だったのである。

当日は吹雪だった。地上では周りが見えていても上空は飛行不能なまでの視界不良で、当日午後2時から予定されていた学生たちの訓練飛行も中止されていた。

また、あの激しい揺れで、捜索機は前輪が変形しているように見えたし、部下からの報告では救難ヘリも機体が何度もバウンドして回転翼が地面をこすっていたという。滑走路の安全確認も必要で、そんな中で飛べば、事故につながった可能性が高い。

現に、1年前のチリ地震の際は、すべての航空機を小松基地に避難させている。

航空機は財産だが、パイロットはそれ以上の財産なのだ。

戦時中、戦闘機が墜落すると、日本軍は戦闘機を探し回った。逆にアメリカ軍はパイロットの捜索を優先した。物資・物量の差、人道的な見地の違いもあるが、アメリカ軍はパイロット養成の大変さを考えたのだ。

飛行機はまた造ればいいが、パイロットは短期間には養成できない。そして何より、隊員たちの命を守ることが何より優先である。

すべての隊員を（いつでも飛び立てるよう）ヘルメットとフライトジャケットを身につけた上で建物の３階に避難させ、彼らの命を守った意思決定は正しかった。

●息子からの救助要請

松島基地では、こんなやるせないエピソードも残っている。

佐々野二佐の指揮下にいた**小関**《こせき》**百英曹長**（49）は、隊舎に避難後、基地が津波に襲われる様子を窓から見ていた。

基地内の車を次々に呑み込んでいく。基地の中は一面の海だった。

これでは災害派遣どころか、自分たちの足許が危ないではないか。**小関曹長**は暗澹たる気持になっていた。

そのとき携帯電話に20歳の長男からの着信があった。

彼は基地の近くの海沿いにある造船所で、大型クレーンのオペレーターをしている。

そのクレーンの姿は、松島基地からも見えるのだ。

大丈夫かと尋ねると、緊迫はしていたが落ち着き払った口調で「おとうさん、助けてくれ」と言う。

自分はいま地上20メートルのクレーン上の操縦席にいて、周りはすべて津波に呑み込まれている、という。

そんな状況なら、すぐに駆けつけたいのは山々だ。しかし、それができない。小関曹長は、「無理だ。うちらも動けないいんだ。飛行機もやられたと思う」と言うと、

「こういうとき動かないで、自衛隊はいつ動くんだよ」

と静かな、しかし緊張した調子で長男は言った。寒さで急速に体力を奪われ、疲労が増し、津波であたりは水没していたから、クレーンもいつ倒れるかという緊張感の中で平常心でいることは不可能であった。

返す言葉もない。

「頑張って生きなきゃいけないよ」

長男も納得した。自衛官の息子だから、彼もそんなことはわかっていたのだ。しかし、自衛官の父親に救いを求めて電話をしないではいられなかった。

小関曹長は官舎の屋上に昇った。息子のクレーンが見える。何とか立っている。アームの根元にわが子がいるという操縦席が見えた。居ても立ってもいられない。やるせなかった。

しかし、

——あのクレーンが立っている限り、息子は生きている。頑張れ。

小関曹長はヘリによる人命救助の超ベテランで、陸自の誇りである空挺マークも胸につけている。それが自分の息子が死の危険に直面して助けを求めているというのに、助けには行けないのだ。そういう自分に烈しい無力感を覚え、「生きていてくれ」と祈ることしかできなかった。

また、この駐屯地の隊員の多くが近くの官舎に家族と住んでいる。それなのにその家族たちを助けに行くどころか安否確認さえできないという自衛官の苦悩を痛感している。

その中で、曹長の自分が息子を助けに行くことなどできるわけがないのだ。

隊務に戻ると、目が回るような忙しさ、息もつけない激務が待っていた。次第に、雪はおさまってきたが、夜になる。仮眠をとるために横になっても、長男のことが頭にうかんで寝られない。

そして、夜が明ける。屋上に駆け上がってみると、まだクレーンは見えているが……。

長男は、ライトもない状況で、クレーンの上で一夜を過ごしたが、朝方、明るくなってから津波がひけて来たのがわかった。「これなら降りていっても大丈夫」と思い、ようやく自力で朝5時に脱出することができた。

閉じ込められていた時間は津波が来たのが午後3時過ぎなら14時間を越えていた。それから自宅へ、瓦礫が散乱した道を5キロ疲れた足取りで戻ったのだという。

基地と同様自宅も被災していた小関曹長は、次の日上官から「確認してこい」といわれ自宅に戻った。クレーンに閉じこめられた息子もそうだが、石巻の高校に通学している長女の安否も、その時点ではまだわからず、何をおいても駆けつけたい気持ちにかわりはなかった。次男だけは近くの中学校なので、校舎に避難していて大丈夫だろうと思っていた。（後日、2人の無事も確認された）

戻って、長男の寝てる姿を確認して、言葉も交わさずにまた任務に戻った。心の中で「よかった！息子よ、よく一人で自力で助かったな」と抱きしめてやりたい思いだった。後日、長男がぽつりと言った。

「寒かった……。でもお父さんの仕事わかるよ」

まだ、息子が助けを求めているのに自分の力でどうにも救助できなかった歯がゆさが心に残っていた小関曹長は、この言葉を聞いて、なにより救われる思いだった。「使命感を持った隊務のことをよくわかってくれた」と嬉しかったのだ。

（本章を書くにあたって、航空自衛隊松島救難隊の**小関英紀曹長**、**宮本昌泰准尉**、**原健輔三佐**にも取材協力をいただいた）

【第十五話】――ルワンダＰＫＯ派遣の医官魂

大学病院への転職を辞退、福島原発に志願した放射線医

自衛隊中央病院の「名もなき英雄」として特に書き残しておきたいのが防衛医官の存在だ。**田村泰治医官**。彼は放射線科の名医で、最先端のＩＶＲ（低侵襲・血液内治療）では指折りの存在だという。研究者肌の医師を想像させるが、反面、凄いサムライでもある。

まず、**田村泰治医官**は**高知大学医学部**から招聘されて、これを受ける決心をし、２０１１年の4月から赴任するばかりになっていた。それが防衛医官にとってどんなにすばらしい第二の人生であることか。人もうらやむ転職の好機だったのだ。

そこに3月、東日本大震災および福島第一原発事故が起きた。

すると、周りが止めるのも聞かず、放射能対策チームに志願して、ただちに福島へ飛んで行ってしまったのだ。彼のような放射線科の名医が参加してくれれば、もちろんチームは助かる

だろうが……。

そして結局、病院不在のままに4月、自衛隊を自動的に退官。

それでも田村医官は、5月まで福島を離れなかった。一般人なら、せっかく決めた就職をフイにしていたところだ。しかし、高知大学医学部付属病院は彼を待っていて受け入れてくれた。よほど優秀な医官だということだろう。

●若手を庇いエイズ患者ら70人の手術を一人でこなした自衛隊医官

この田村医官を紹介してくれたのが、**自衛隊中央病院の小林秀紀院長**（62）だ。

田村医官がやむにやまれず福島第一原発に駆けつけたように、小林院長にはかつて、アフリカに行った経験がある。

1990～93年にかけて、アフリカ中央部のルワンダで内戦があった。

和平が成立した後も大虐殺が起きたり、大量の難民が出たりと、武力衝突は建前上ないといっても、治安状況は最悪だった。

そんなとき日本から、自衛隊の**ルワンダ難民救援派遣**が行なわれた。1994年9月から12月までのことである。

これまでのPKO活動のように国連の部隊としてではなく、国際平和協力法に基づく、日本主体の人道的な国際救援活動として初の派遣であった。

主に難民が逃れてきた**ザイールの首都ゴマ**において、医療・防疫・給水・輸送などを行った。

だが、ルワンダ派遣など、好んで死地におもむくようなものだ――当時は、そんな感覚だった。

しかも、まだ周囲の目は自衛隊に冷たかった。現地で日本人の医療NGOのメンバーが武装集団の襲撃に遭って、自衛隊が現地指揮官の判断によって、彼らを救出、輸送したことがあったのだが、日本国民を救出したのにPKO協力法や実施計画に明文化されていないとかで、マスコミの批判を浴びたりした。現地部隊が法的根拠を確認している間に、NGOのメンバーが死んでしまってもいいというのか。

2012年4月某日、小林院長はインタビューに応じてくれた。

小林院長は背が高く中肉の体に白衣をまとっていた。紳士的な風貌の中にも、イザとなれば強い統率力でみなを引っ張っていく、そんな気迫が感じられる。しかも彼の場合、それは静かな気迫なのだ。

「ルワンダ支援に行くと決まって、恐くなかったですか？」

最初にいきなり、こう聞いた。

「そりゃあ、不安がなかったと言ったら、ウソになります。当時は40代の半ばでしたから、まだ命は惜しかったですしね。でも現地に着いたら、スッと頭が切り替わった」

質問に淡々と答えてくれた小林院長は、ルワンダ派遣当時、陸自の一佐だった。

「医療チームは70人で、うち医師は10数人でした。私以外の医師はみな30代だったので、私は最年長でもあり医務官、立場としては幕僚ですね。ところが隊長も同じ一佐で、ちょっと珍しい編成になります」

どうやら当時の自衛隊は医官が不足していたらしい。

そこで、すでにベテラン医師、管理職レベルの小林院長に現地派遣の白羽の矢が立ったのだ。

小林院長は寡黙な人である。余計なことは、いっさい口にしない。

質問に対する答えもいたって簡単だ。

「それが私の任務ですから」の言葉にすべてを込める。

現地に着いたらスッと頭が切り変わったのも「さあ、私の任務が始まる」と思ったからだという。ゴマ駐屯の約4ヶ月の間に、1日平均30人以上、延べ2100人の診察を行い、彼は70人の手術を一手に引き受けた。中にはエイズ患者もいるから、若い医師に任せたら危険だ。

そう考えたのかと聞いても、

「手術は私の担当、つまり任務です。若い医師には若い医師の任務があります」

やはり彼は、すべてを任務という言葉に込めているのだろう。


町には、あちこちに死体が転がっていた。

衛生状態も最悪だ。風呂はない、トイレすらない。小林院長たちが現地に着いたとき、すでに医療NGOが活動していたが、彼らのいちばんの悩みもトイレと風呂だった。清潔民族の日本人は、不潔な環境には特に弱い。

難民たちの罹病は、主にコレラ、赤痢、それにマラリアだった。

不潔な環境にいればコレラや赤痢になりやすい。先に来ていたNGOたちは、設備不足の関係もあり、それまで病人には対症療法を施すことしかできていなかった。

「私たちが行って、初めて臨床検査が行なわれたんです」

小林院長たち医療チームに求められたのは、こうしたより高度な医療だった。

そもそも、ルワンダ難民たちに蔓延しているのが主にコレラと赤痢だと判明したのも、自衛隊の医療チームが到着してからだった。

それまでは、何の病気かよくわからないままに、当面の治療だけを施していたわけだ（もちろん、それも尊い行為に変わりはないが）。

手術は小林院長が担当したが、若い医師も助手を務める。

たとえば、HIV患者の血液を浴びたら、自身も罹病してしまう。日本にいるときから、小林院長がいちばん重視していたのが、被害が拡大するこの二次感染を防ぐことだった。そのため事前準備は、あらゆる事態を想定して整えてきた。

「それでも想定外の事態は起こったし、ムダになった事前準備も多々あります。でも、それ自体は覚悟していました。いいんですよ、たとえムダになっても」

大きく構えて小さくおさめる――これは危機管理の要諦であり、小林院長のいう〝ムダ〟には価値がある。

とはいえ、死体が転がり、さらにコレラと赤痢が蔓延し、自衛隊が行ってからはトイレと風呂の件も幾分かは改善されたようだが、そんなところに4ヶ月もいたら、精神的にも参ってしまうはずだ。それでも、

「任務の遂行、そして達成。行き着く思いはここです」

「そう言うと思いました」

ここでは、さすがに2人で苦笑いした。

「あとは地元の医療機関を支援、教育することも重要な任務だと考えていました。我々はワ

ンポイントリリーフみたいなものです。我々が日本へ帰ってしまったら、それでお終いというのでは、十分に任務を果たしたとは言えません」

小林院長の口から「任務」という言葉が出るごとに、責任感、使命感、自己犠牲といったものの重さを、改めて考えさせられてしまった。

●座右の銘は『近寄れ　逃げるな』

小林院長は東京医科歯科大学の出身。

自衛隊中央病院は医科歯科大を卒業した1976年に、大学の先輩がいた縁で選んだ。

当時には、まだ防衛医科大学がなくて、医師は外部から招聘していた。ルワンダ派遣のときに「医官が不足」していたのには、そのせいもある。防衛医大ができたのは1973年なのだが、第一期生が卒業したのは1980年のことだ。

いまでは「毎年、80名くらい、医師が誕生する」（小林院長）という。

このとき小林院長は、実に嬉しそうな笑顔を見せた。小林院長の関心はいまや、後進の育成に向かっているのだろう。

過酷な任務をこなしつつ、一方ではルワンダに高度医療の種子を植え付けてきたように、後に続く医師を育てられなければ、自分の使命を充分果たしたとは言えない。小林院長の横顔はそう語っているようだった。

学ぶ内容は、防衛医大もふつうの医大と基本的に変わらない。しかし「防衛医学の訓練も受ける」（同）から、やはり軍医を念頭に医師を養成する機関であり、卒業後は防衛医官になることを期待されている。

「田村泰治君も、やはり防衛医大ですよ。確か18～19期の卒業だから、まだ40歳にならないかもしれません。最先端医学を学んだ優秀な医官でした」

実は小林院長に取材を申し込んだとき「私などより、ずっとふさわしい医師がいる」と、田村医官を推薦されていたのだ。

鮮やかに思い出したことがある。

かつて小林院長室の壁には

「**近寄れ　逃げるな**」

と書かれた額が掛けられていた。教訓的な言葉ではなく、短い、しかし強い、凛とした現場の心構えを伝えている。

初めて拝見したとき、光ってるな、と感心したものだ。ふつうは社長室や院長室といえば古人の座右の銘とか、何かもっともらしい言葉が掲げられているものだが、これはまた何とシンプルな。しかし、すこぶる勇気を象徴するような言葉ではないか。いまは部屋の壁からはずしたようだが、依然として　小林院長の胸中に熱く宿っているはずのこの言葉。

私はこれを、今後は自分の代わりに君たち次の世代が頑張ってくれという、小林院長のメッセージと読んでいる。

田村医官を見ればわかるように、その小林院長の思いは、確実に次世代へと引き継がれているのである。

当時防衛庁官房長であった私は、この小林一佐の静かなる勇気に感心し、官邸に斯道《しどう》奨励（自衛隊の衛生業務の初のＰＫＯ派遣）の意味で総理表彰状の発給を意見具申した。

官邸の解答は「まず防衛庁長官から。いきなり総理という訳にはいかない」という官僚的なもので、それではと防衛庁長官に意見具申すると、大臣には快諾してもらえたのに、大蔵省からの次官、防衛庁生え抜きの防衛局長らが「陸幕長の表彰がないのに大臣表彰というのは、役人のルールに反する」と却下された。ならばと陸幕長に話したところ、二つ返事で「陸幕長一級賞詞」が発給された。

24万自衛隊のうち衛生職（医官、看護官等）は８０００人もいるのに、長官賞詞受賞は、小林一佐が初めてだった。

「危機管理」の組織運営、人事管理では「信賞必罰」が鉄則である。

残念ながらあれから18年、この鉄則は無視され、昔に戻ってしまった。

日教組流の「みんなで手をつないでゴールテープを切りましょう」という小学校の運動会のルールでは、オリンピック競技も国際選手権大会もあったものではない。

「ボランティアは神聖な行為で、ほめてもらうためにやっているのではないのだから、表彰の対象にしてはならない」という大間違いの価値観をなおさないと、この国の危機管理はいつまでたってもダメなままだろう。

戦後67年間一度も戦争をしたことのない日本では、自衛隊の重要性に対する認識が薄い。ましてや医官、看護官など衛生職にある者への評価が低いのは当然かも知れない。だが、戦後ずっと朝鮮、ベトナム、湾岸と戦争を続けている米軍における衛生兵の地位の高さは学ぶべきものがある。

第7章〔海外〕篇

9・11同時多発テロ
「名もなき、もの言わぬ英雄たち」

●9・11と3・11のもの言わぬ英雄たち

〔盲導犬ロゼル〕

世界貿易センタービルからヒングソンさんを救った盲導犬ロゼル

〈写真提供・共同通信社〉

〔愛犬プチ〕――「津波が来た時、プチが高校への階段を引っ張ってくれた」

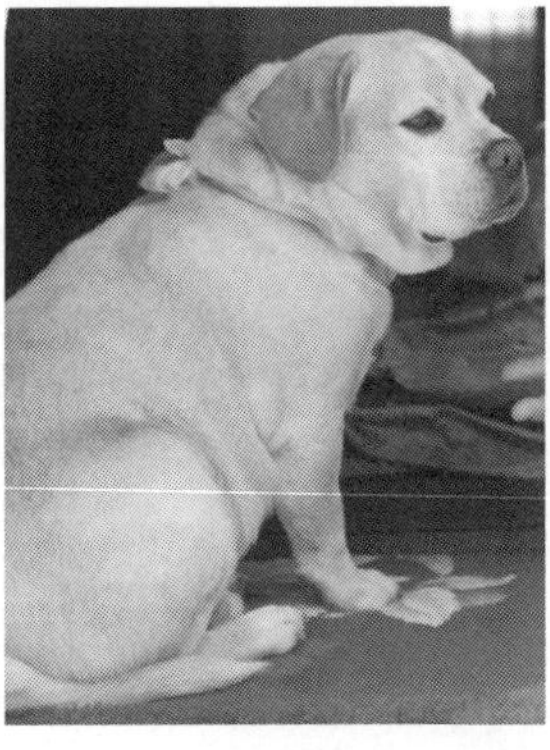

77歳の女性を高台の高校へ引っ張っていった愛犬プチ（宮城県南三陸――三浦冨美子さんの命の恩人プチ）――（毎日新聞夕刊3月10日・梅村直承氏撮影）〈毎日新聞社・提供〉

●ハイジャックに抵抗し、果敢に戦った乗客

ペンシルバニア近郊のUA93便墜落現場——**久下季哉**さん（当時20歳）が乗っていた
〈写真提供・ロイター＝共同〉

【第十六話】――神のみぞ知るヒーロー

ハイジャック機奪還に敢然と立ち上がった日本人学生

「みんな、覚悟はいいか？　やっつけよう！」（アー・ユー・ガイズ・レディ？　レッツ・ロール！）

ＵＡ93便の機内に雄々しい声が響き渡った。

彼らＵＡ93便の乗客たちは、後に「無名の英雄たち」と全米の称賛を浴び、全米の新聞、テレビに「ホワイトハウスを救った人々」あるいは「百万ワシントン市民をテロから守ったヒーローたち」として数えきれないほど取りあげられたのである。

その勇気ある行動が同機のボイス・レコーダーや、遺族たちとの交信記録によって証明された4人には、「**アーサーアッシュ賞**」が授与された。だが、彼らとともにコックピット突入の行動を起したであろう十数人の中に一人の日本人学生がいたことを、日本国民は意外と知らない。

彼の名は**久下季哉さん**（**20**）、**早稲田大学理工学部の2年生**だった。

米国のメディアは最初、彼を学生柔道選手権に参加した柔道選手と報じたが、後に「**アメリ**

カン・フットボールの選手」と訂正された。

彼が何をしたのか、墜落により全員死亡したから、誰も知らない。

まさに神のみぞ知る、永遠の謎だ。

叙勲もされなかった。

だが、久下氏がコックピット突入をはかった英雄たちの一人であることを、私は信じて疑わない。

アメリカン・フットボールの選手は、みんな「ワン・フォア・オール　オール・フォア・ワン」(一人はみんなのために、みんなは一人のために)のチームスピリット(団体精神)を叩き込まれた身体強健な青年たちである。

リーダーから**「レッツ・ロール」**と掛け声がかかって遅疑逡巡する選手はいない。

まして彼らは、これはただのハイジャックではない、危険極まる自爆テロなのだと、テロリストたちのハイジャック宣言および、家族たちとの密かな通信を通じて知っていたようなのだ。

ホワイトハウスが危ない、百万のワシントン市民が危ない、そして自分たちも自爆テロの道連れにされそうだとわかっていた。それなのに、あわよくばテロリストたちをやっつけ、コックピット奪還という本能的自衛行為に、久下氏が参加しないわけがない。

だからこそ私は、彼が侍の国ニッポンの日本男児として、この壮挙に参加し、若い命を捧げた無名の英雄の一人に相違ないと、信じて疑わないのである。

●UA93便ハイジャックさる！

この日、午前8時離陸予定だった**UA93便**は、ニュージャージー州ニューアーク国際空港を42分遅れで出発した。

行き先はカリフォルニア州サンフランシスコ国際空港、機種はボーイング757。アメリカ大陸横断の長距離飛行だから燃料は満タンだった。定員182人の中型機だが、当日の乗客は37名、この中の4人がイスラム・テロ組織の**ビン・ラディン**率いる**アル・カイーダ**の国際テロ犯たちだったのだ。

乗員はジェイソン・M・ダール機長、リロイ・ホーマー・Jr副操縦士ら7名で、**乗員乗客計44名**を乗せて飛行中だった。

午前9時、UA本社は175便（3分後、世界貿易センタービル南棟に突入したハイジャック機）の不安定な飛行状況に不審を感じ、飛び立っている全自社機のコックピット・モニターに「侵入者に警戒せよ」と警告を発していた。

さらに9時24分、**UA93便**は航空管制官から「2機がニューヨークの貿易センタービルに突入した……ハイジャッカーには十分に注意せよ」との警告を受け、同26分にはダール機長もその警告を確認していた。

そして、そのわずか1分後の9時27分に、乗客に紛れ込んでいた4人のアラブ・テロリストたちが、コックピットになだれ込んできたのだった。

パイロットたちはハイジャッカーと揉み合い、UA93便の飛行高度はググン下がっていった。管制官は、そのときコックピットで人が争う物音をはっきり聞いている。その40秒後、コックピットから複数の悲鳴が上がった。おそらく、このときにダール機長とホーマー副操縦士は殺害されたと推測される。

管制塔の呼びかけに応答はなく、同機は高度200メートルまで降下していた。

テロリストのうち一人が、ボーイング757の操縦訓練を受けていたのだろう。

UA93便は機位を取り戻し、以後も飛行を続けた。

当時アラブ・テロリストたちは、フロリダで軽飛行機セスナの操縦訓練所で飛行訓練を受けていたと報じられたが、UA93便はその程度の技術で操れるものではない。

高々度の安定長距離飛行なら、自動航行スイッチの入れ方さえ知っていればできるだろう。

しかし、先にハイジャックされたAA77便（同じくボーイング757型）が高速道路沿いに低空旋回し、5階建てペンタゴンビルの3階（首脳部のあったところ）へ一発で体当たりしたところをみると、これは、プロのパイロットでも難しい。おそらく彼らが飛行訓練を受けたのは、大型ジェット旅客機を保有しているアラブの大国（しかも準公的な裏での支援が期待できる大国）、たとえばビン・ラディンの母国サウジアラビア（彼は王族）であるとか、イラン、イラクなどであろうと推測される。

●無名の英雄たち、戦闘開始！

U93便を支配したテロリストたちは、9時32分、「みなさん、キャプテンは無事です。我々は爆弾を持っています。無事でいたければ、その場に静かに座っていてください」と機内放送したという。

航空管制通信の電波により、航空管制官にこの機内放送が伝わり、この日4件目のハイジャック発生を知るところとなる。

一方で乗客たちは、それぞれ家族や勤務先の同僚たちと、密かに携帯電話で連絡を取り始めた。後の捜査によると、その件数は乗員3人、乗客10人に及んだ。

最初の通話は、ファースト・クラスの乗客**トマス・バーネット氏**で、妻への「ハイジャックされた。通報してくれ」というものだった。そしてバーネット氏は、妻から「ふつうのハイジャックじゃないのよ」と、すでに**２機がＷＴＣ（ワールド・トレード・センター）ビルに体当たり**したことを知らされる。

この情報は即刻、ほかの乗客たちにも伝わったようだ。各々が通信相手に事実確認を始めたことが、通信記録に残されている。

バーネット氏は「ホワイトハウスで避難が始まっている。あなたが乗っている飛行機の目標はホワイトハウスかもしれない」と聞いて、妻に「心配するな、対策を講ずる。いまから飛行機を取り戻す」と告げた。

彼以外にも複数の乗客が、ＵＡ93便をハイジャッカーから取り戻す、と通信相手に語っている。

ＵＡ93便には、乗客として全米大学柔道選手権大会でチャンピオンだった**ジェレミー・グレック氏**や、海兵隊のアメリカン・フットボール選手だった**トマス・バーネット氏**などがいた。日本人乗客は**久下氏（同じくフットボーラー）**唯一人だった。

信じられないことだが、ハイジャッカーは自爆テロをする気らしい……。そう感じた乗客たちが彼らアスリートを中心に、慌ただしく意思の疎通をはかって、決定した――この飛行機を我々の手で取り戻すんだ！

率先して行動を起した男性の声は、夫からのファイナルコールとして妻の耳に残った――レッツ・ロール！

9時58分のコックピットのボイス・コーダーには、**トッド・ビーマー氏**の「**アー・ユー・ガイズ・レディ？　レッツ・ロール！**」**(Are you guys ready? Let's Roll!)** という雄叫びが記録され、後に回収された。

一部の遺族も、つなぎっ放しにした携帯電話で、この声を聞いた（それは9時57分だったと述べている遺族もいる由）。

ボイス・レコーダーにはほかにも、乗客の気配に気付いたハイジャッカーたちが「ドアを押さえろ」「連中が来たら非常用の斧を使え」「絶対に入れるな！」などの会話が、乗客の怒鳴り声や大量の皿が割れる音などと共に記録されている。

10時00分。機体は急降下、急上昇を繰り返す。この時間帯のボイス・コーダーには、操縦席のドアを叩き壊そうとする音、ドアが開く音、操縦をしていた犯人が「もう逃げられない、ここで落すぞ。酸素を止めろ」と叫ぶ声が、生々しく記録されていた。

ＵＡ93便の最後の瞬間は、神のみぞ知る。真実は永遠にわからないだろう。

ただ、前述した私の想像――ホワイトハウスを、ワシントン市民を、そして自分たちの命を守ろうと、最後の最後まで希望を捨てず、許しがたいハイジャッカーたちと、壮絶な格闘を演じた。そして、その一人に久下季哉氏はいた――は、おそらく外れていない。

間違いなく久下氏は、ビーマー氏の〝レッツ・ロール〟の掛け声を受けて、アメリカン・フットボール選手の血を燃え滾らせ、命がけのＵＡ93便奪還の闘いに加わったのだ。

●テロ1周年、ブッシュ大統領の慰霊の1日

１年後の２００２年９月11日、ニューヨーク貿易センタービルの跡地**グラウンド・ゼロ**で、盛大な同時多発テロ事件一周年の慰霊祭が挙行された。

式典は午前８時40分（１年前に１機めのハイジャック機が突入した時刻）から始まり、まずパキタ・ニューヨーク州知事によるリンカーン初代米大統領のゲティスバーグ演説朗読が捧げられ、次いで**殉職した23名のニューヨーク市警警察官、３４３名のニューヨーク市消防局消防官**の慰霊に及んだ。

そして、**２８０１名の犠牲者**の全名簿を、**ジュリアーニ市長、パウエル国防長官**らが交代で３

時間を費やし、全米生中継の中で読み上げた。

日本人犠牲者の名前も読み上げられた。

オガ・タカシ、オンダ・トシオ、タカハシ・ケイジ、タカハシ・ケイチュウ、キノシタ・タカシ、キクチバラ・サトシ……

私はそれを、**グラウンド・ゼロ**を見下ろす**センチュリー21デパート**の屋上から見ていた。

知人、友人はいなかったものの、日本のビジネス戦士としてニューヨークという激戦地で戦って、不運にも非業の死を遂げた優秀なる日本人たちの無念、ご遺族の悲しみを思うと、とても平静ではいられない。

デパートの屋上で強い寒風に吹きさらされながら、私は果てしなく涙を流した。


当時、日本テレビの「ズームイン!!ＳＵＰＥＲ」という番組で時事解説のレギュラーだった私は、辛坊治郎キャスター、今井晶子特派員らスタッフと共に、一周年記念行事の生中継を行なうべく渡米。私は中継番組内での解説を仰せつかっていたのだ。

その日、ニューヨーク市警の警戒レベルは5段階中、上から2番目の「ハイ・レベル」で、私たちは市警の狙撃手たちの間から中継放送する有様だった。

夜7時からは、そのグラウンド・ゼロから1キロほど離れた**バッテリー・パーク**で追悼式典が行われ、24名の犠牲者を出した日本から**小泉純一郎首相**が参加、列席したほかカルザイ・アフガニスタン大統領、ムシャラフ・パキスタン大統領ほか、約90カ国の首脳らが参加する大式典となった。

だが、1万人近い遺族や外国賓客がぜんぶ揃ったというのに、肝心のブッシュ米国大統領が欠席だという。そのアナウンスを聞いて満場からブーイングに近いざわめきが起きたが、続く理由を聞いてみんな納得した。

この日のブッシュ大統領は多忙を極めた。

午前9時30分、ペンタゴンでの追悼式。テロの犠牲となった**184人の軍人、職員**をすべて「戦死」と認定し、勲章授与を行なった。

その足でペンシルバニア州シャンクスビルに飛び、UA93便で犯人たちと格闘した乗員乗客を「ホワイトハウスを救った英雄たち」として讃えている。午後にはニューヨークに来てグラウンド・ゼロで献花し、その後で、何千という弔問の市民たちに囲まれ、握手攻め、ハグ攻めに遭って抜け出せず、予定されていたバッテリーパークでの追悼式には間に合わなくなってしまったのだった。

久下季哉氏は勲章を授与されたわけではないし、その名は、日本でもほとんど知られていない。しかし、私の心の中には「無名の英雄」として、彼の名前が深く刻み込まれている。

【第十七話】——もの言わぬ英雄

愛犬「プチ」が甦らせてくれた貴重な記憶

3・11のオムニバス物語を書いていて、ふと記憶が蘇えった。

東日本大震災のときに、忘れてはいけない大切な「もの言わぬ英雄」がいた。一頭の健気なラブラドール・レトリバーである。そして同じように、9・11のときにも主人をテロ被害から救ったラブラドール・レトリバーがいた。この日米の忠犬たちを、ぜひとも紹介しておきたい。

●日米の忠犬たちが大災害、凶悪テロで見せた素晴らしい活躍

2012年3月10日付の毎日新聞は、夕刊一面に《見つめ続ける——「SOSの地」に生

きる　震災から1年》と題し、写真数葉の入った東日本大震災一周年の特集記事を掲載した。その中で目を引いたのは、**愛犬プチ**を愛しそうに見る**三浦冨美子さん**（77）の写真だった。

宮城県南三陸町の高台にある仮設住宅の一軒に、震災後1年も経ついまでも、14年間連れ添った愛犬プチと三浦さんは、仲良く暮らしている。

プチは14歳の老犬で、ラブラドール・レトリバーの雑種なのだろうか、少し太り気味で頚や顎などは皮が二重にたるんだ大きな犬だ。三浦家では、赤い敷物の上に座っているところをみると、室内犬として飼われているようだ。

三浦さんの談話によると、「津波がきたとき、プチが学校への階段を引っ張ってくれた。命の恩人（ママ）」とのこと。

写真を見る限りでは、訓練を受けた盲導犬とも介助犬とも見えない。14年も飼ってくれた77歳の老主人に対する忠誠心だけで、高台にある志津川高校までの階段を引っ張り上げたのだろう。犬は人類の太古からの友だちなのだ。

次は9・11のもの言わぬ英雄である。

私はあのときワシントンにいた。ホテルで見たテレビはテロ報道一色だ。次々とチャンネルを変えながら、凄惨な実況中継に見入っていた、そのときである。

ふいに画面に白っぽい毛並みで、黒い鼻と黒々とした目の賢そうなラブラドール・レトリバー犬が映し出された。

周りをカメラの放列とリポーターの差し出すマイクに囲まれ「ステイ」の姿勢でおとなしく蹲っている。見ると、その脇に白い杖を手にした長身で太った中年男性が立っていて、興奮した取材陣の矢継ぎ早の質問に答えていた。

●貿易センタービル78階から主人を救い出した盲導犬ロゼル

キャスターの紹介によると、男性はマイケル・ヒングソン氏（当時51）。全盲の視覚障害者であり、貿易センタービル北棟78階で企業向けの録音テープ起こしを生業にしていて、この災難に遭遇したという。

犬は3歳の**盲導犬「ロゼル」**。

事件発生とともに**盲導犬ロゼル**は、吠えもせず、落ち着き払って主人を大混乱の非常階段に誘導し、押し合いへしあいの修羅場と化した中を、ヒングソン氏に寄り添って78階から一歩ずつ、一段ずつ降りていって無事に路面に達し、ビルから200メートルほど離れたとき、あの身の毛もよだつ崩壊が起きたのだという。

リポーターたちが、

「逃げる人々に後ろから背中を突き飛ばされたりしませんでしたか？」

と聞くと、ヒングソン氏は、

「もちろん、何度か突き飛ばされました。でもロゼルを見て私が盲人とわかると、みんな助けてくれ、激励してくれました。下からは消防士たちが次々と駆け上がってきて、彼らは人を助ける職業の方たちだから、私を見ると一瞬みんな立ち止まるのです。

そして『大丈夫か？　下には同僚たちがいて必ず君を助けるから。オレは上にいくからな』と言って、階段を駆け上がっていきました。避難を始めてから、50分ほどでジェット燃料と煙の匂いが立ち込めた北棟を脱出し、ガラスの破片や瓦礫の散乱する中を、２００メートル進んだところでビルが崩壊したのです。

私はロゼルがいたから助かりましたが、私に声をかけて励ましてくれた消防士さんたちは、おそらく全員、亡くなられたのでしょう」

淡々と語るヒングソン氏の足元にいるロゼルは、身じろぎもしないで行儀良くお坐りをしたり、四つん這いになって前足に顎を乗せ上目使いにカメラのほうを見たりして、静かに待っていた。

その健気な姿は、全米に感動の渦を巻き起こした。翌日の新聞、テレビ、雑誌はこぞって「忠犬ロゼル」をほめ称え、犬好きのアメリカ人の「もの言わぬ（言えぬ）ヒーロー」として報道された。

このときのもの言わぬヒーローの盲導犬は、もう一頭いた。北棟71階にいた全盲のオマル・リベラ氏を誘導して救った**盲導犬「サルティー」**である。

人間が人間に対し、あんな非道な所業で無辜の市民3000余人を大量虐殺した生き地獄のさなかに、全盲の主人に無償の友情を捧げた2頭の犬がいたのである。彼らは考えられない修羅場の下り階段を、**78階、71階から盲導して主人を救った。**

その人と犬の絆の固さ、比類なき忠誠心は、同時進行の地獄絵図を見せられ、心がズタズタに引き裂かれて悲しんでいた何千万という視聴者の心を、どれほど癒したことか。

犬好き人間の私は異郷の地で、画面に映る**ロゼル**を見て、東京に残してきた同じラブラドール・レトリバーの愛犬「ビリー」を思った。そして、ロゼルとサルティーのこれからに幸多かれと祈ったものだ。

史上に残る大事件や人物とともに、馬や人の名前が歴史に刻まれる例がある。アレキサンダー大王の遠征に従った名馬「**ビューセファーラス**」の姿はギリシャ、ローマの歴史に残った。

アメリカ国民、ニューヨーク市民が９・11同時多発テロを忘れない限り、忠犬ロゼルとサルティーの名も歴史に残るだろう。

２００１年の能率手帳の「佐々メモ」の９月11日の欄には、この盲導犬ロゼルのことはたった２行、

「盲導犬ロゼル（雄３歳、ラブラドール）78Ｆから盲目の主人、ヒングソン氏を誘導して脱出」

と簡記してある。

付章

いま語る9・11の当日のワシントンの現場

●アメリカで開いた危機管理官たちの〝同窓会〟

最後に9・11にまつわる記憶を書いておく。

奇しくもアメリカ出張中だった私は、あの日にニューヨーク、ワシントン、ピッツバーク郊外のシャンクスビルを同時に襲った、あのおぞましいアル・カーイダ、ビン・ラディンのイスラム同時多発テロの映像を、テレビの生中継で見た。

あの朝、私は首都ワシントンのデュポン・サークルにある古いが荘重なウェスティン・フェアファクスホテルにいた。

なんでも大富豪の邸宅を改造したとかで、格式は高いがもはや時代遅れで宿泊代も少し安かった。私はここで9月6日、10日と「サッサズ・リユニオン・パーティー」と称し、8年ぶりにホワイトハウス、ペンタゴンに戻ってきた共和党の「ベイカー・ファミリー」と呼ばれていた安全保障専門家のパック（「狼の一群」と称された）との〝同窓会〟を催した。

クリントン時代に劣化した日米安保協力の絆を再び強化しようと思ったのだ。

ベイカー元国務長官を中心に共和党系の政策研究機関**ヘリテージ財団**に立て籠もっていた**コーリン・パウエル、リチャード・アーミテージ、カール・ジャクソン、ジム・ケリー、ジム・デラニー、**

ジム・アワー、**マイケル・グリーン**、**ポール・ウォルフォヴィッツ**……といったタカ派のパックが、ブッシュ・ジュニアの大統領当選を機会に、ホワイトハウス、ペンタゴン、国務省へとなだれ込んできたのである。

まさに「捲土重来」を期して「臥薪嘗胆」していた政策集団が、そっくりワシントンに戻ってきたのだ。

私の現役時代、アメリカにおけるカウンターパートだった人々である。

まさにロン・ヤス時代（ロナルド・レーガンと中曽根康弘）の再現。私も夜中に彼らの自宅に国際電話がかけられる、かつての〝国家危機管理監〟に立ち戻ってやろうと思った。

9月6日の〝同窓会〟は、制服、背広、出入りも自由のルールで、日米合わせて40数名が参加するレセプションになった。

フォー・シーズンズ・ホテルやウォーターゲート・ホテルでそんなことをしたら、とうてい自費では負担できない。

その点、古くさびれた（失礼！）ウェスティン・フェアファクス・ホテルなら、比較的安くて何とか自費開催ができたのだ。

●横田基地の空域返還を実現したのは石原都知事である

このとき私には、もう一つの大きな目的があった。

石原慎太郎都知事への支援だ。石原都知事は、初当選のときに「横田基地を取り戻す」という公約を掲げ、166万票を獲得して当選した。その石原さんが、再選に備えてこの公約の実現を決意して、訪米することになったのだ。

石原氏はかつて『NOと言える日本』（光文社刊）でアメリカを敵に回していて、大方のアメリカ知識人の石原評は「角の生えた反米主義者」というものだった。

私は共和党の友人たちに「彼はペイトリオット（愛国者）だ。アメリカにNOと言えるとともに、中国、北朝鮮にもNOと言える貴重な政治家なんだ」と説き、まずダン・クエール元副大統領、カール・ジャクソン特別補佐官から誤解をといた。

9月10日は、ペンタゴンでウォルフォヴィッツ国防副長官とのアポをとりつける。

同夜、ホテルに主要な共和党安保関係者を呼んで、2度目の「サッサズ・リユニオン・パーティー」を開催。ここに〝サプライズ〟として「転校生＝ニュー・カマー」として石原慎太郎都知事を登場させるという形で、彼らとの和解を果すことができた。

石原氏はウォルフォヴィッツ国務副長官に対し、横田空域の航空管制権の一部返還と尖閣諸島への日米安保条約第五条（日米両国は、**日本国の施政下にある領域**における、いずれか一方の武力攻撃に対し、共通の危険に対処するよう行動する）の適用を、都知事の権限でも責任でもなく個人の資格で堂々と交渉していた。

後日談だが、この石原さんの「所管外」外交交渉は成功した。

ウォルフヴィッツ副長官は、そのときの約束どおり横田問題を検討し、米軍に不要な空域を日本に返還したのである。

笑止だったのは、官邸、外務省、防衛庁、国土交通省の族議員や高級官僚たちの言動だった。横田の空域返還など絶望的だと考え、指一本も動かさず傍観していた彼らは、いざ返還されるとなったら「この大成果を勝ち取ったのは私だ」と言い出し、にわかに動きを活発化させたのである。

この横田空域の利用について、防衛庁は軍事優先だ、外務・国交は輸送機だ、いや旅客機だと主張して権限争議が起こったし、羽田の第2・第3滑走路建設や国際線復活をめぐっても、激しい権益争いが始まった。

石原都知事は変にシャイな一面があって、ここは「何を言う、返還させたのはオレだ」と怒るところなのに、テレくさがってこの種の争いには加わらなかった。

だが、誰が何と言おうと、私が生き証人だ。

羽田拡大と尖閣諸島への安保条約第五条の適用は、ウォルフォヴィッツ国務副長官に堂々と直接交渉した石原慎太郎東京都知事の功績であると、私は断言して憚らない。

●9・11テロ、そのとき私が見たもの

少し話が脱線したようだ。

2001年9月11日の朝8時半頃のウェスティン・フェアファクスのスイート・ルームに話を戻そう。

私は、同ホテルではスイート・ルームに泊まっていた。私の体裁を整えるため、要は米国側に格好をつけるためだ。すでに私は天下の大浪人だったから、一連の行動は日本のためにやったものだが、誰もお金は出してくれない。私個人の外交であり、自費負担が当然ではある。

その日、私は帰国前に**リチャード・アーミテージ国防副長官**とのアポを取り付けていた。

約束は、午前10時に国防省だ。外出の準備をしていると、午前8時50分ころだったか、突然、

電話が鳴った。ワシントン滞在中、臨時に私の秘書役を買って出てくれていた**中野裕子嬢**（ＳＡＩＳの留学生）からだった。

切迫した口調で「先生！　テレビをつけてください」と言う。

控えの間付きのスイートだから、テレビは２台あった。すぐ近くのテレビのスイッチを入れると、そこには信じられない光景が生放送で映し出された。

抜けるような秋空に、朝日に照り映えて銀灰色に聳え立つ、世界一の超大国アメリカ――湾岸戦争に大勝し、現代のローマ帝国とも称されていた――を象徴する１１０階建の世界貿易センタービル北棟の上層部が、紅蓮の炎と、粘っこい黒煙を上げて炎上していた。

「飛行機が激突した！」と、アナウンサーが絶叫している。

瞬きも忘れてテレビ画面に見入っていると、17分後、もう１機、大型ジェット機が画面右のほうから飛来し、ビルの向こう側に消えた。ビルを通り過ぎて、画面の左側に姿を現すかと思った転瞬、２号館南棟の上層部で大爆発が起こり、左側に火の玉と爆煙が突き抜けた。

何ということだ、これは！

ＳＦ映画のコマーシャルか？

コンピュータ・グラフィックなのか、それとも現実……。

まるでスピルバーグ監督の新作映画のコマーシャルみたいな、鮮明で恐ろしい生き地獄の生中継が、不似合いに明るい青空を背景にリアルタイムで進行している。

唖然と見守るうち、貿易センタービルの100階くらいの超高層の窓に、何百人という男女が窓枠に爪を立てるような形でしがみついている画像が、グッとクローズアップされた。絶叫しているのだろう、音声は聞こえないが、みんな大きく口を開けている。

カメラマンも堪えかねたのだろう。カメラはグーッと引いて、また全景に戻る。

すると、アレ？　何だろう？　ビルの壁面に、黒い、ゴマ粒のような小さな物体が、次々と落ちてき始めた。

思わず目を凝らす。と、カメラマンも同じ思いだったのか、それをグーッとクローズアップする。何ということだ！　人間ではないか！

真っ逆さまに、あるいは手足を広げたり、くの字になったり、中には壁面にぶつかってリバウンドしながら、何百という人間がビルから降っている。

1000度を超すような猛火に背中を炙られ、逃げ場を失ったビジネスマン、オフィスレディーたちが火炎地獄の責め苦に耐えかね、百万分の一も生存の可能性がない地上に向かって、狂気の沙汰の死のダイブを敢行しているのだ。

それは一人の人間として、とても正視に耐えない地獄の光景だった。

●アメリカ防衛の象徴・ペンタゴン炎上す

ワシントンの街は、にわかに騒がしくなった。

何と、3機目の自爆テロ機が、昨日の午後に訪問したばかりの、アメリカ防衛の中枢で安全の象徴ペンタゴン（国防総省）に突入して、爆破炎上しているというのだ。

石原さんはフォーシーズンズ・ホテルに宿泊していた。

アーミテージ国務副長官との面会は午前10時。もちろんキャンセルだろう。しかし、とにかく連絡を入れなければならない。部屋にある3台のテレビはCBS、CNN、フォックスなど全8チャンネルが生中継で、この未曾有の大事件を放映していた。

同行していた妻の幸子は2台のテレビのチャンネルを次々とかえて、電話交信にかかり切りで画面を見る閑のない私に、時々刻々必要な情報を伝えてくれる。

緊急事態発生とともに彼女の香港領事夫人だったころ、約35年前のヒアリング能力が戻ってきて、テレビキャスターたちの早口の解説が聞き取れるのだ。人間というのは、本当に不思議なものだと思う。

ようやく石原さんに電話ができた。

「テレビ、見てる?」

テレビはキャピトルヒル（米国会）や国務省、そのほか政府官庁ビルからいっせいに屋外に避難する何千という人たちを映していた。

リポーターは「まだ7機、ハイジャックされた機が残っている。ホワイトハウスが危ない！」と叫びまくっている。

「オレ、いま見てたんだよ。窓越しにポトマック河をボンヤリ眺めて、その向こうに霞んで見える建物が昨日行ったペンタゴンだなと思っていたら、それがいきなり爆発炎上したんだ。アメリカもダメだね。ペンタゴンをやられるようじゃ」

まったく冷静で、相変わらずの辛口だ。


消防車やパトカーのサイレンが狂ったようにデュポン・サークルを包み、テレビアナウンサーは戒厳令（マーシャル・ロウ）が布告され、外出禁止令（カーフュー）が布かれ、州兵と民警（ミリシャ）が初めてワシントン市全域に配備されたと叫んでいる。

電話をくれた中野裕子さんが、非常食を用意してホテルに来てくれた。

彼女は慶應義塾大学法学部で非常勤講師だった私の講義を聞いたのを機に、日米安全保障問題を研究課題に選んで、ジョーンズ・ホプキンス大学ＳＡＩＳ（高等国際問題研究大学院）

に研究者として留学している才媛である。

私のホテルからは、直接ペンタゴンは見えない。

彼女の案内で戒厳令下の街を歩き、彼女が住むマンションの屋上に上って、何ともいえぬ思いで炎上するペンタゴンを眺めた。ふと私が考えたことは「果たしてウォルフォヴィッツ副長官、無事だろうか？」ということだった。

10日の午後にペンタゴンで会ったとき、副長官は左足にギプスをつけて松葉杖をついていた。足を捻挫して……と失礼を詫びていたが、あの足で無事に逃げられただろうか？

私は後ろ髪を引かれる思いでホテルに戻った（同副長官の無事は後に確認）。

●危機下における情報収集・発信システムのつくり方

次は東京との情報連絡システムの設定だ。

警察庁や防衛庁（当時）には駐在官たちが報告し続けているだろうから、私は官邸に直接、情報を入れることにした。その情報中継拠点として東京・渋谷の佐々事務所を選び、一元化した。

石井健二事務局長を交換手にして、基本的に情報の報告・連絡・意見具申先を兼元俊徳内閣情報官、杉田和博危機管理監とし、特に重要なものは安倍晋三官房副長官と直列の情報ルートを決めた。やがて非常通信最優先の通信統制が始まって、私の「浪人チャンネル」は規制されるに決まっているからである。

続いては在ワシントンのマスコミへの取材対応だ。

真っ先にNHKの手嶋龍一支局長が、戒厳令の中、特別通行許可（カーフュー・パス）を取った公用車で私を連れ出しにきた。そのままNHKワシントン支局に直行し、壁に向かって生解説（東京のスタジオの映像は見られない）という初体験をさせられた。

街角のいたるところに完全武装の州兵が配置され、厳しい検問を行なう。ワシントンには現役のころから20回ほど来たが、戒厳令下の米国首都などは初めてである。

続いてフジテレビ、日本テレビと生中継放送に出演を求められ、ホテルに戻ると時事通信の中野哲也特派員のインタビューが待ち受けているといった有様だった。

●続々と集まってきた貴重なナマ情報

部屋の電話はひっきりなしに鳴っている。

ボーイもFAXを届けにくる。

ホワイトハウス、ペンタゴン、ラングレイ（CIA）などの情報を、元軍人や大・公使OB、現役の大統領補佐官カール・ジャクソン、元CIA東京支局長ジム・デラニー、DIAの退役中将パトリック・ヒューズ、国土安全省のオルブライト次官らが、9月6日のレセプションと昨10日のディナーのお礼かたがた、入れ代わり立ち代り教えてくれる。まさにナマの〝第一次情報〟である。

「いまペンタゴンを見てきた。ウォルフォヴィッツは無事に避難した。ラムズフェルドが陣頭指揮をとって負傷者の救出をしている」

「ホワイトハウスは指揮官不在だ。ブッシュはフロリダの小学校、パウエル国務長官はペルーに出張中。サクセション・アクト（大統領権限継承法）で、いまはチェイニー副大統領が大統領代行をしている」

「いま話題になっているのは、ブッシュ親子のことだ。ブッシュ・ジュニア（当時の大統領。第43代）はどうしていいかわからず、パパ・ブッシュ（その父。第41代）に『どうしたらいい？』と聞いたそうだよ。パパ・ブッシュは『FAA（連邦航空局）から現時点で飛行中の全航空機に、最寄りの空港に緊急着陸を命令させせよ。着陸しない機はハイジャック容疑機だ。本土防空の

Ｆ16をスクランブルさせ、着陸命令に従わない機は撃墜せよ』と命じたそうだ。シニア・ブッシュはさすがだね」

そんな情報が続々と集まる中、テレビでは太平洋戦争時の日本軍による真珠湾攻撃の白黒映像が繰り返し上映され、「リメンバー・パール・ハーバー！」「卑怯なスネークアタック」と大騒ぎで、一時はどうなることかと思った。

「自爆機のパイロットはいい腕だ。セスナの操縦をアメリカ飛行学校で習った程度といったものではない。5階建てと低いペンタゴンの高速道路側3階に、一旋回で正確に突入している。幸い、彼らの情報が古かったから助かった。

ペンタゴンの中枢部は近年の改築で反対側に移設されていた。さもなければウォルフォヴィッツら首脳部はみんな助からなかったろう」

「3000機ほど急降下して、最寄りの空港に緊急着陸した。全土飛行禁止の戒厳令が布かれた。まだ7機、指示に従わないのがいる」

「この犯行はビン・ラディン率いるイスラム・テロ組織、アル・カーイダとわかった」

●無能だった日本の閣僚と国会議員

なんという情報量だ。

しかもこれらは、すべて一級の第一次情報だ。

私は平成の明石元二郎大佐（日露戦争時の伝説的情報将校）をもって自認していたが、2回のパーティーに投じた8000ドルの私費の効果の絶大さには、目を見張るものがあった。

私は、私の国際情報コミュニティーの生涯現役メンバーとして、国際大浪人として、個人で〝同窓会〟を開いたこととの驚くべき効能を肌で実感していた。リユニオン・パーティー招待のお礼を理由にして、こんなに大量の得がたい危機管理情報を一個人の私に、どんどん通報してくれるアメリカの同窓生たちに心から感謝し、その友情に感動した。

そして私は、それらの情報を次々と東京に通報した。

閉口したのは、ウエスティン・フェアファクス・ホテルのボーイたちだ。

流行遅れで客の入りも少ない同ホテルのアフロ・アメリカンのボーイたちにとって、私は上得意客となった。彼らは私に「ミスター・ファックス」と渾名をつけ、困ったことにFAXを1枚ずつ交代で部屋に届けては、1ドルのチップを待つという現象が起きた。廊下ですれ違うと「ノウ・ファックス、フォー・ユー、サー」と声をかけてくる始末。

用意した多量の1ドル紙幣がたちまち枯渇し、私はジェネラル・マネージャーに、FAXは一束にして届けるように申し入れたものだ。

CNNを見ていると、そのうち各国の首都の事情が報道されていた。

各国の官邸や外務省がみな国旗を半旗にしているのに、東京では官邸にも外務省にも日の丸がへんぽんと翻っている。私は直ちに中野裕子嬢に、「太郎のオジちゃまに電話して『半旗にしろ』と伝えてくれ。国際常識を疑われる。」と指示した。

中野嬢の父君は、麻生太郎自民党政調会長（当時）の側近の一人なのである。

石原都知事は、国の総理や外相がやるべきことを、地方自治体の首長なのに、自ら進んでやっている。同じく私は、治安・防衛・外交という国家の関係省庁がやるべき仕事、すなわち国家危機管理という大切な仕事をライフワークにすると誓って、浪人道を歩み続けてきた。

この9・11のワシントンで、私は国際情報社会のOBたちの国際連帯を肌で感じ、本当にやりがいのある男子一生の仕事と、改めて自負したものだ。

この年の9月8日はサンフランシスコ条約調印50周年記念日で、日米双方で記念行事が行われたこともあり、日本から閣僚を含む35人の国会議員がアメリカを訪問し、この日もなお米国内に24人が滞在していたのに、彼らは一人として何の役にも立たなかった。それどころか、自分たちを早く帰国させろと騒いで、日本大使館や日航、全日空を困らせただけだ。

その間ニューヨーク・タイムズに「トウキョウ人からニューヨーカーへ」という弔慰広告を出し、相応の〝香典〟をジュリアーニ・ニューヨーク市長に贈るよう指示していたのは、国政には関係のない、フォーシーズンズ・ホテル滞在中の石原慎太郎東京都知事だった。

横田基地返還交渉や尖閣諸島防衛の問題にしても都知事の仕事ではない。

尖閣の問題ではウォルフォヴィッツ国防副長官に対し、かつて「尖閣は日米安保条約第五条の対象ではない」と誤った発言をした駐日大使、モンデール元副大統領を鋭く批判した。見事というほかないが、沖縄返還の日米合意文書の付属地図まで持参して、そんな昔のことは知らないウォルフォヴィッツ副長官を閉口させていた。

ずっと後日談になるが、2012年4月16日（米国時間）米国政策研究機関ヘリテージ財団で講演し、沖縄県石垣市に属する尖閣諸島を埼玉県に住む所有者の栗原氏から東京都が買うことにしたと宣言して、人々を驚かせた。

これは石原都知事の悲（秘）願だった。

買い取りの対象は、魚釣島、北小島、南小島の3島で、今年度中に都議会に諮り、承認され次第、東京都がこれらを所有するという。そして講演の中で、

「東京が尖閣諸島を守る。日本人が日本の国土を守るために島を取得するのに、何か文句がありますか？」

と述べ、米側出席者たちを見て、

「まさかアメリカが反対するってことはないでしょう」

とやってのけたのだった。

石原都知事の国政に関する思い入れの強さにはただならぬものがあり、日ごろ「尖閣問題があるのに、魚河岸問題で都議会に座っていなければならない辛さ……」などと語っていた同知事の久々の快挙だった。

フォーシーズンズ・ホテルで石原都知事と一緒にテレビの生中継に見入っていると、痛手

術で入院中だったニューヨークのルドルフ・ジュリアーニ市長が、骸骨のように頬のこけた頭にヘルメットを被り、先頭の消防車のステップに乗って「フォロー・ミー」と叫ぶ姿が映った。何千という群集は感動して拳を振り上げ、「ジュリアーニ！　ジュリアーニ！」と喚声を上げる。

4万2000名のニューヨーク市警、1万5000名の消防が眦を決して黒煙と炎を上げて崩壊する2棟の貿易センタービルに殺到していく。

その勇ましい姿を見ていた石原氏は「東京でこれが起きたら、私がジュリアーニの役を務めるんだな」と呟いた。

この事件の犠牲者は3031名（当時は7000名といわれた）で、殉職した警察官は23名、消防官は343名に及んだ。

当時の現場の凄まじさは、陣頭指揮のジュリアーニ市長が崩れるビルの一角に閉じ込められ、ニューヨーク消防の消防総監、副総監、教誨師が3人とも壮烈な殉職を遂げるという未曾有の事態を招いたことにも、端的に表われている。

（なお、本章の稿は拙著『後藤田正晴と十二人の総理たち』（文藝春秋刊）に詳述した第九章「九・一一同時多発テロ」と一部重複していることをお断りしておく）

あとがき

東日本大震災と福島第一原発事故の危機管理では、最高司令部である総理官邸における民主党の対応は、菅直人総理以下大失態だった。

しかもその混乱は、かつての全共闘と同様で、自己批判も総括も、体制内改革も軌道修正もしない「連帯共同無責任」のまま推移していった。そのため、2012年4月14日の北朝鮮「テポドンⅡ号発射失敗」のときに、また繰り返されてしまっている。

この一件については、菅直人氏のせいにするわけにはいかない。

特に、初めから心配されていたミス・キャスト中のミス・キャスト、田中直紀防衛大臣が予想どおり突出したダメさ加減を露呈した。ほとんど道化芝居に等しい愚かぶりだったゆえに、彼は参議院の問責決議を受けるハメになり、消費税法をはじめとする重要法案を抱えた野田佳彦内閣は立ち往生してしまったのである。

何が「適材適所」「最強の布陣」なのか。

民主党の領袖たちに一つ助言するが、国会答弁、記者会見でのレトリックとして「最上級」を使わないようにしたほうがいい。

それこそ、この「最強の布陣」がそうだ。

ほかにも「死を賭して」「最善を尽くし」「全力を挙げ」「万全を期し」……それができないことがわかっている国民には、ことさら空疎に聞こえる。その結果、国民に「全力を挙げて、それだけですか？」と、その無能ぶりを揶揄したくさせるからだ。

最高司令部がダメなら、その指揮系統の各級司令部の機能も、当然ながら低下する。

だが、第一線の現場は違った。

現場には立派な男たちが大勢いた。

無名の、物言わぬ、顔のない（外国メディアの表現。フェイスレス）、それぞれ何千、何万という自衛隊、警察、消防、海上保安庁、市町村自治体、関係企業、関係諸団体などの下級現場指揮官、護民官、公僕、技術者たちの中には、文字どおり死を恐れず、体を張って、義務以上の自己犠牲を払い、人命救助に被害局限にと奉仕した人々がたくさんいたのだ。

私は政治、行政の各要路に信賞必罰――功績を上げた者には顕彰を、反省しない失敗者には制裁を――と進言した。

日本国民を感動させた美談には総理、所管大臣、所属長表彰も含め、何らかの形で賞詞を贈る。当たり前のことを言ったつもりだったが、官邸の方針は「それでは不公平になる。みんなよくやったから個人、あるいは団体の総理大臣表彰は行なわない方針」だそうで、私の提案は却下された。

そこで私は、危機管理各省庁に「国民を感動させるような無名の英雄たちの物語を私に教えてほしい。政府が顕彰しないなら、ひとりだけの政府、天下の大浪人の私がその埋もれた英雄たちを、微力ながら顕彰したい」と申し入れたところ、警察庁の金高雅仁官房長、防衛省の加野幸司広報課長、同、細川圭介係長、海上保安庁の赤津洋一政策評価広報室長、同、高瀬英昭様、消防庁の原正之次長、そして英国大使館大使室の大使秘書、二藤奈津子様、広報部の川崎奈緒様から、本当に惜しみない協力をいただき、資料の提供などを受けた。

そこには本書で紹介した以外にももっともっとたくさんの、感動的な名もなき英雄たちの物語があった。

だが、私一人の限られた力・紙数では、自ずと限界がある。すべての英雄を紹介しきれないことは本当に残念だがそれでも、いくつかの話を軸に一所懸命にデータを集め、また取材を重ねてまとめたのが本書である。（オビに『21人の危機管理哲学』としたが、17話の主なる人物

21人と「犬」をとり上げた）

ほかにもし、隠れた美談佳話をご存知だったら、私にも教えていただきたい。また、本書で紹介した人々の中には自らを犠牲にして、還らぬ人となった方、ご家族やご友人、仲間を失った方も多く、ここに心よりご冥福を祈りたい。

本書の出版を可能にした㈱青萠堂の尾嶋四朗社長、フリー編集者の市川尚氏、佐々事務所の三浦佳代子さんに深甚なる謝意を表したい。

平成24年8月　吉日

佐々　淳行

参考文献

新潮45 連載「兵士は起つ」（2011年10月～2012年4月）杉山隆男著（発行・新潮社）
「SAPIO」（2012年・4・4号）（発行・小学館）
海上保安新聞（平成17年2月～平成23年10月）（発行・海上保安庁）
「自衛隊だけが撮った0311—そこにある命を救いたい—」（フジテレビ・金曜プレステージ 2012年3月9日）
防衛省ホームページ及び資料
東京消防庁ホームページ及び資料
警察庁ホームページ及び資料
京都府警ホームページ及び資料
海上保安庁ホームページ及び資料
「重大事件に学ぶ「危機管理」」佐々淳行（発行・文藝春秋）
「彼らが日本を滅ぼす」佐々淳行（発行・幻冬舎）

佐々淳行《さっさあつゆき》の危機《きき》の心得《こころえ》
――名もなき英雄たちの実話物語

2012年 9 月25日　第1刷発行
2012年10月23日　第2刷発行

著　者　佐《さっ》々《さ》淳《あつ》行《ゆき》
発行者　尾 嶋 四 朗
発行所　株式会社 青 萠 堂

〒162-0808　東京都新宿区天神町13番地
Tel 03-3260-3016
Fax 03-3260-3295
印刷／製本　中央精版印刷株式会社

ISBN978-4-921192-81-5 C0095

大好評ロングセラー

素晴らしき真言《マントラ》

真言《マントラ》の力があなたに奇蹟を起こす！

船井幸雄

真言《マントラ》をつぶやけば「思い」は必ず叶う

船井流経営の神髄は**「5つの真言」**に集約できる

1575円

いい話グセで人生は一変する

小中 陽太郎

人間関係を幸せにする本

◆東京新聞「筆洗」週刊読書人で続々紹介

爆笑問題・太田光氏

この本を読むと世界は会話で創られていることがわかる。だとすれば、地球は全人類の合作だ。そう思うと楽しい！

樋口裕一氏（多摩大学教授）

「座談の名手」のこれは種明かしだ

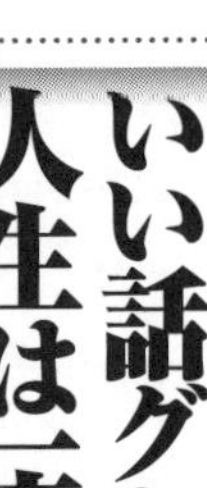

老年に後悔しない10の備え

三浦 朱門

◎老いる前に知っておく10のこと

いまからでも遅くない未来を明るくする才覚

1365円